NO ET RENDEIXIS

22 CLAUS PER SENTIR-TE MILLOR

Angle Editorial

Angle Editorial
c. Mallorca, 314, 1r 2a B
08037 Barcelona
T. 93 363 08 23
www.angleeditorial.com
angle@angleeditorial.com

Disseny i maquetació: Magela Ronda

Primera edició: març de 2019
ISBN: 978-84-17214-64-7
DL B 5624-2019
Imprès a Romanyà Valls, SA

Tània Sarrias

NO ET RENDEIXIS

22 CLAUS PER SENTIR-TE MILLOR

Pròleg de Jofre Llombart

Angle Editorial

A les meves persones preferides

«Cada dia ofereix la possibilitat d'un miracle».
— Elizabeth David

PRÒLEG

Com he trobat a faltar aquest llibre! Quina sort que ja existeixi! Com m'hauria agradat tenir-lo quan vaig caure en un pou tan fosc que no veia la llum que hi havia a fora. Em van fer *mobbing* a la feina. Em vaig anar tancant en mi mateix i una mica més i ho perdo tot. Tot, vol dir tot. Suposo que si hagués tingut aquest llibre no m'hauria tret del pou però sí que hauria fet de llanterna. O d'oxigen. O de coixí. O de manta. Tampoc m'hauria anat malament en alguna de les trencadisses sentimentals que semblaven incurables. No tothom ha patit assetjament laboral, no tothom ha patit trencadisses sentimentals, però tothom —per un motiu o altre— ha flirtejat amb el pou. O hi ha passat a la vora, o hi ha relliscat o, directament, hi ha caigut fins al fons. El pou forma part de les nostres vides. Però sortir-ne, també. De fet, a la vida estarem més temps fora del pou que dins.

Si t'has comprat aquest llibre és perquè segurament el necessites. Si te l'han regalat és perquè algú que t'estima creu que el necessites. És igual com i quan t'hagi arribat a les mans;

et serà útil tard o d'hora. Ah, i un secretet: si te l'ha regalat algú, creu-me, aquesta persona o l'ha necessitat o el necessitarà. Perquè tothom, en algun moment de la seva vida, ha passat o passarà per un d'aquells sotracs dels quals costa sortir. Però sé segur que te'n sortiràs. No gràcies a aquest llibre, sinó gràcies a tu. Això sí: aquest llibre t'hi ajudarà perquè serà en una plana, serà en una altra, aquí trobaràs l'abraçada que ningú et fa, el consell amable, el massatge de quan tot et dol, la paraula de qui t'entén, cotó per al cor que supura pena, dolor o ràbia. En definitiva, si creus que mai més tornaràs a treure el cap a la superfície, aquest llibre és l'esglaó d'una escala allà on ara mateix només hi veus una paret dura, alta i que rellisca. Qualsevol dels suggeriments que hi trobaràs ja mereixen, per si sols, la curiositat d'obrir el llibre. Perquè aquesta és una altra de les seves gràcies: es pot llegir desordenadament. Encara més, començar-lo a l'atzar és una bona manera que te l'acabis llegint tot. Els missatges són d'una senzillesa que més d'una vegada et sorprendràs i et preguntaràs com és que no se t'havia ocorregut abans. Doncs precisament per això, per la foscor en què et trobes. I en les hores fosques tot és dens, difícil, rocós. Aquest llibre és just el contrari: fàcil, líquid, clar. Un raig de claror que, sobretot, et farà veure que el nus es pot desfer. I a més, tot en un to positiu: El 'no' que apareix al títol (*No et rendeixis*) és un dels pocs 'nos' que hi trobaràs. El missatge que transmet és constructiu. I el més important de tot: s'allunya del paternalisme perquè l'autora ni et renya ni sent llàstima per tu.

No m'agradaria ser a la pell de la persona encarregada de catalogar *No et rendeixis* en un gènere concret. Dir que és només un llibre d'autoajuda seria injust perquè exclouria tot el sentiment que hi ha posat la Tània. I dir que és un assaig seria erroni per l'evident utilitat que desprèn. És un llibre molt ben escrit, i per bé que per mi no ha esdevingut cap novetat (fa trenta anys llegia textos seus a l'institut), sempre és d'agrair que la lectura sigui un exercici planer i més quan passes per uns dies en què el cap està emboirat. Aquesta senzillesa no li treu ni un gram d'inspiració: *No et rendeixis* inspira. Evoca, commou i inspira molt. En alguns moments aquesta inspiració esdevé literal: no et perdis l'episodi dedicat a la respiració! Funciona!

Acabo perquè no et vull fer perdre més temps amb aquesta lectura; perquè la important és la que ve a continuació. Només em resta deixar per escrit que aquest llibre (la mateixa autora ho diu) és un cant a la vida. La tristesa se'ns pot aparèixer amb moltes formes. Però per sort, l'amor també. I aquest llibre n'és una. Acabaràs estimant aquest llibre com ho he fet jo. És per això que et recomano que no el posis a cap prestatge. És millor tenir-lo per sempre a la tauleta de nit.

JOFRE LLOMBART

No te rindas

No te rindas, aún estás a tiempo
de alcanzar y comenzar de nuevo,
aceptar tus sombras, enterrar tus miedos,
liberar el lastre, retomar el vuelo.

No te rindas que la vida es eso,
continuar el viaje,
perseguir tus sueños,
destrabar el tiempo,
correr los escombros y destapar el cielo.

No te rindas, por favor no cedas,
aunque el frío queme,
aunque el miedo muerda,
aunque el sol se esconda y se calle el viento,
aún hay fuego en tu alma,
aún hay vida en tus sueños,
porque la vida es tuya y tuyo también el deseo,
porque lo has querido y porque te quiero.

Porque existe el vino y el amor, es cierto,
porque no hay heridas que no cure el tiempo,
abrir las puertas,
quitar los cerrojos,
abandonar las murallas que te protegieron.

Vivir la vida y aceptar el reto,
recuperar la risa, ensayar un canto,
bajar la guardia y extender las manos,
desplegar las alas e intentar de nuevo,
celebrar la vida y retomar los cielos.

No te rindas, por favor no cedas,
aunque el frío queme,
aunque el miedo muerda,
aunque el sol se ponga y se calle el viento,
aún hay fuego en tu alma,
aún hay vida en tus sueños,
porque cada día es un comienzo,
porque esta es la hora y el mejor momento,
porque no estás sola,
porque yo te quiero.

— Anònim

«I quan la tempesta de sorra hagi passat, no comprendràs com t'ho has fet per sobreviure-hi. No! Ni tan sols estaràs segur que la tempesta s'hagi acabat de veritat. Però una cosa sí que quedarà clara. I és que la persona que sorgeixi de la tempesta no serà la mateixa que hi va entrar».

— Haruki Murakami

3... LA FOSCOR ÉS MÉS CLARA QUAN LA COMPARTEIXES

Abans que res et vull donar la benvinguda. Ah! I no et preocupis que no t'has equivocat: aquest és el capítol número tres perquè a partir d'ara iniciem junts el compte enrere d'un viatge que espero que et resulti inspirador i que, sobretot, t'ajudi a creuar la teva tempesta personal.

Tots hem passat o estem passant per etapes en què sentim que les coses no van com desitjaríem, en què sembla que ens hem perdut i res ens il·lusiona. En moments així seriem capaços de fer un canvi de *look* radical o de deixar-ho tot enrere per traslladar-nos a viure al lloc més remot del planeta. És aleshores també, quan tot resulta massa difícil i dolorós, que ens plantegem tirar la tovallola perquè creiem que no tindrem prou forces per seguir endavant.

La pèrdua d'un ésser estimat, una ruptura amorosa, la manca de feina —soc actriu, sé de què parlo—, els problemes econòmics, de salut, o fins i tot la suma de diverses de les opcions anteriors —és el que tenen les males temporades— poden dur-nos a un estat de desesperança que no ens permet veure més enllà dels nostres problemes. Però al final del dia algun motiu sovint indesxifrable ens fa resistir, i és aquesta energia la que hem d'aprofitar per lluitar per nosaltres. Perquè per més que estiguem envoltats de persones meravelloses, només nosaltres sabem la magnitud del nostre malestar i això ens converteix en els responsables i beneficiaris directes de no rendir-nos.

He passat per experiències molt doloroses que hauria preferit estalviar-me, i aleshores em rebentava sentir els que em deien que de tot s'aprèn, que tot passa per alguna raó o que el que no et mata et fa més fort. Però la vida m'ha demostrat que en el fons tenien raó i que, per més que ens costi acceptar-ho, certes dificultats ens poden ajudar a reconnectar amb nosaltres i demostrar que som capaços de superar situacions a les quals no ens hauríem imaginat mai que ens hauríem d'enfrontar.

L'art tradicional japonès té una tècnica per reparar la ceràmica malmesa que crec que il·lustra perfectament l'esperit d'aquest llibre. Es diu *kintsugi*, i es tracta d'aplicar un adhesiu molt fort per enganxar les peces trencades i després afegir pols d'or al damunt per embellir-les. La ceràmica resultant no només queda reparada sinó que aquestes esquerdes, ara cobertes d'or, fan la peça molt més resistent que l'original i la doten d'una bellesa magnètica. Podríem dir, per tant, que els desperfectes s'accentuen i se celebren en lloc d'amagar-los o de desfer-se'n. Ara mateix potser hi ha algunes parts dins teu que no encaixen, per això espero que a mesura que avancis en la lectura no només et sentis acompanyat sinó que trobis l'or dins les teves pròpies esquerdes.

Pensant en com sortir d'una època de foscor sovint em vénen al cap tres paraules que comencen per la lletra R: Resiliència, Reinventar-se i no Rendir-se. La Resiliència és la capacitat d'afrontar una situació desfavorable, de recuperar-se i tirar endavant en circumstàncies adverses, i és evident que si ara tens aquest llibre a les mans i esperes trobar-hi respostes o solucions ja estàs en el camí de posar a prova la teva. Reinventar-se, per altra banda, pot ser el resultat d'aprofitar aquest moment de crisi per explorar-te interiorment i descobrir que ets molt més —i millor — del que t'imaginaves, i que davant teu hi ha moltes possibilitats que et poden dirigir cap a una felicitat encara més plena que la que has conegut fins avui. I no Rendir-te és fonamental si el que vols és recuperar-te per retrobar l'alegria, deixar enrere el malestar i centrar-te en les moltíssimes raons per les quals malgrat tot ets una persona afortunada, que t'asseguro que hi són. Però encara n'hi ha més, perquè si a aquestes tres R tan poderoses els sumes la triple P formada per Perseverança, Paciència i Positivisme no hi haurà res capaç d'aturar-te.

Aquest llibre neix de la voluntat de compartir tot allò que m'ha ajudat a superar la meva mala temporada personal. Està escrit des de l'honestedat perquè, per sort o per desgràcia, parlo amb coneixement de causa, així que espero que si estàs passant per una situació difícil et puguis beneficiar de les conclusions a què he arribat després de molt esforç i constància, d'algunes llàgrimes, i també de moments de felicitat en veure com tot s'anava posant al seu lloc d'una manera fins i tot sorprenent en moltes ocasions.

He recorregut un llarg camí i no negaré que de vegades he sentit la temptació de tirar la tovallola, però des de la perspectiva i la distància que donen el temps i la serenitat, m'he adonat que en el fons aquella hauria estat la sortida més fàcil. Perquè enmig de la perseverança i fent equilibris amb la frustració de no entendre per què s'ha de patir per créixer, he après coses que tenen un enorme valor de cara a trobar el benestar necessari per fer una passa més quan el camí sembla massa fosc i costa veure la llum.

No et rendeixis és un cant a la vida, una invitació a continuar apostant pels teus somnis, una declaració d'intencions i la recopilació de les claus que m'han ajudat a recuperar la il·lusió. Desitjo que llegir-me t'ajudi a creure en tu, a no desanimar-te, a connectar amb la teva pau interior i a tirar sempre endavant amb un somriure.

La diferència entre el possible i l'impossible són dues lletres, tu decideixes si les hi vols incloure o no.

«Jo sé que els núvols duren tan sols un moment
i que el sol és per cada dia». — Rabindranath Tagore

2... AL FINAL SEMPRE SURT EL SOL

Podria omplir pàgines i pàgines d'aquest llibre amb frases optimistes i inspiradores. A alguns us ajudarien a fer un clic interior per canviar de freqüència, però els més escèptics em diríeu que són tòpics que queden molt bé impresos en una samarreta o en una tassa i que en realitat no serveixen per a res. Sigui com sigui, per què no fem l'esforç de centrar-nos a tenir pensaments positius? Si tantes persones de diferents èpoques i cultures han arribat a conclusions més o menys similars i les han plasmat en paraules, no creus que es mereixen un vot de confiança? Perquè sí, encara que ara mateix et resulti difícil visualitzar-ho, al final sempre surt el sol. I, permetent-me la llicència d'incloure encara una altra frase cèlebre, com diu la meva admirada Dolly Parton: «si vols l'arc de Sant Martí has d'aguantar la pluja».

De vegades no cal que la tempesta sigui especialment intensa per sentir-nos una mica desmotivats. Hem parlat de problemes o del que considerem una mala temporada però també és possible que simplement et sentis gris o mancat d'il·lusió, i que fins i tot ni en sàpigues el motiu. En qualsevol dels casos, tant si t'enfrontes a grans dificultats com si només sents que alguna cosa a la teva vida no acaba d'anar bé del tot, és molt important veure el panorama amb esperança, concentrar-se en la famosa llum al final del túnel. Hi haurà moments en què ens resultarà complicat, però cada dia ens hem de recordar que el problema només és una part del camí i que la destinació sempre és més amable que alguns trams del trajecte. Dit d'una altra manera: l'avantatge quan tot va malament és que a partir d'aquí el que vingui segur que serà millor.

Potser sembla un discurs excessivament optimista, però és que estem tan acostumats a veure el got mig buit que se'ns oblida que no només està mig ple sinó que el mer fet de tenir un got ja és un privilegi que ens fa afortunats. Ens espanta enormement fracassar, per això tenim una certa tendència a desanimar-nos quan les coses no van com voldríem, però quan toques fons tens dues opcions: quedar-te a les profunditats lamentant-te del teu malestar o fer una suau empenta amb el peu i començar a surar cap a la superfície aferrant-te a totes les eines possibles. No ets l'únic vivint aquest procés, i potser això no et reconforta o no et consola especialment, però recorda que rendir-te no és una opció i que si fas un petit esforç la recompensa pot ser millor del que t'imagines.

Tendim a pensar que les persones d'èxit ho han tingut fàcil a la vida, o que els entrebancs són incompatibles amb els triomfs. Doncs res més allunyat de la realitat perquè són molts els casos de persones anònimes i conegudes que abans d'acomplir els seus somnis o objectius les han vist de tots colors. De les anònimes evidentment no en tinc dades perquè per això són anònimes, però m'agradaria compartir amb tu alguns exemples de personatges famosos que demostren que mai s'ha de perdre l'esperança en un demà millor i que de grans fracassos en poden sorgir grans èxits:

Albert Einstein no va començar a parlar fins als quatre anys i no va llegir fins als set, així que els seus pares es pensaven que tenia algun tipus de deficiència mental. A l'escola, davant de les seves males notes, el seu mestre li va dir que no arribaria mai enlloc però en canvi va acabar guanyant el premi Nobel i és considerat el científic més important del segle XX.

Un altre geni, en aquest cas del món de l'entreteniment, tampoc va tenir uns inicis especialment fàcils. Parlo de Walt Disney, que abans de convertir-se en el rei mides del cinema d'animació es va haver d'enfrontar a diversos fracassos. El van fer fora d'un diari acusant-lo de no tenir imaginació, va tancar per bancarrota la seva primera empresa de producció de curtmetratges d'animació, i es va traslladar a Hollywood amb només quaranta dòlars a la butxaca. La resta ja és història, però si no hagués perseverat en els seus intents, la seva vida i les nostres infanteses haurien estat molt diferents.

Si parlem d'esports, un dels exemples més sonats és el de Michael Jordan, a qui van expulsar de l'equip de bàsquet de l'institut perquè, segons l'entrenador, no tenia l'alçada suficient. Superat el disgust inicial es va començar a llevar ben aviat cada dia per practicar, i amb el temps i esforç es va convertir en el que per a molts és el millor jugador de bàsquet de la història. Ell mateix va reconèixer que «he fallat una vegada i una altra i una altra a la vida. I per això tinc èxit».

Un altre cas flagrant del triomf de la resiliència és el d'Oprah Winfrey, que va haver de superar una infantesa d'abusos físics i psicològics. Anys després, quan iniciava la seva carrera professional, una productora la va acomiadar perquè, segons la seva opinió, no servia com a presentadora. Només cal veure el seu currículum posterior —fins i tot va crear el seu propi canal de televisió—, carregat d'èxits, premis i reconeixements, per entendre que es van equivocar enormement amb ella. Si hagués desistit, avui en dia no seria una de les persones més influents del planeta.

Encara n'hi ha més. Beethoven no va ser gaire aplaudit quan va iniciar la seva formació musical i tot se li va complicar en perdre l'audició, però malgrat això es va convertir en un dels compositors més celebrats de la història. J. K. Rowling estava en ple procés de divorci, gairebé no tenia diners i criava sola la seva filla quan va començar a escriure les aventures de Harry Potter; fins a dotze editorials van rebutjar el seu manuscrit, però no va deixar-hi de creure i el jove mag va acabar protagonitzant una sèrie de best-sellers i pel·lícules. Podria continuar esbossant altres histories de fracassos reconvertits en èxits, de fet és possible que algun dels personatges que admires no hagi avançat precisament per un camí de roses, però suposo que ha quedat clar el que intento transmetre't.

Persevera, sigues constant i pacient com ho eres de petit cada cop que queies a terra mentre aprenies a caminar. Ja has vist que molts triomfs són el resultat d'insistir, de no rendir-se i de creure en un futur pròsper en tots els sentits. Fes aquest acte de fe valorant cada avançament o fita superada pel que suposa en lloc de pensar només en un gran resultat final i, sobretot, no et comparis amb ningú perquè les teves circumstàncies són tan úniques com tu mateix. Si en algun moment ensopegues i caus recorda que et capaç de continuar, que el sol fet de proposar-t'ho i estar-ho intentant és d'un mèrit immens.

Sé que fa por, que de vegades el vertigen no ens deixa veure les coses amb perspectiva i acabem convertint el fons del pou en la nostra zona de confort. Però, saps què? ets més valent del que et penses, així que pots superar tot això que t'està passant i molt més. Felicita't sempre que assoleixis un objectiu, per petit que sigui, i recorda que encara que avui només vegis núvols i foscor a través de la finestra, demà sortirà el sol. T'ho asseguro.

«La felicitat és quan el que dius, el que fas
i el que penses estan en harmonia».

— Mahatma Gandhi

1... PETITES GRANS CLAUS

És fonamental que facis l'esforç de veure la teva situació actual amb perspectiva i que et centris en el moment present, perquè plantejar-te com anirà tot a llarg termini només augmentarà la teva ansietat i malestar. Potser et preguntes com pots trencar aquesta dinàmica tan arrelada dins teu que et fa desesperar amb qualsevol entrebanc; si et sents així, deixa que et digui que aquesta actitud és més valuosa del que creus perquè, a banda del negativisme que et genera la frustració, la voluntat de canvi té la força necessària per passar a l'acció. I precisament d'acció parla cada una de les vint-i-dues claus que he inclòs al llibre.

En aquest sentit, he decidit titular els capítols amb un verb imperatiu, perquè porta implícita aquesta acció i alhora té una connotació positiva, que és el que et vull transmetre. En cap cas es tracta d'una ordre dita des de la condescendència, perquè per damunt de tot no només et mereixes el meu respecte sinó també la meva empatia i solidaritat. Entenc perfectament que no ho estàs passant bé, per això l'imperatiu és un crit d'ànim, una carícia còmplice carregada del desig de fer-te sentir millor.

Les propostes del llibre són el resultat de molt temps de treball interior, d'investigació —sí, també hi ha una base científica en una bona recuperació—, i d'observar aquells petits trucs propis i aliens que em van ajudar a retrobar el camí quan estava perduda. Reconec que sento un cert pudor en compartir-les perquè suposa una exposició personal a la qual no estic acostumada, però em pesa més la voluntat de retornar la generositat que he trobat al meu voltant i el pensar que si algú es pot beneficiar del que he après haurà valgut la pena. Igualment, si veus que et vas sentint millor gràcies a posar en pràctica el que et suggereixo, et convido a compartir-ho. Seria bonic crear entre tots una cadena de benestar.

A mesura que avancis per cada un dels capítols notaràs que alguns et ressonen amb més força que d'altres perquè toquen aquell punt en què potser et sents més vulnerable, així que sigues lliure d'anar endavant o endarrere com més et convingui o de saltar-te alguna de les claus per tornar-hi quan t'hi sentis amb ànims. No hi ha una manera correcta de llegir el llibre o d'aplicar el que et proposo, com tampoc hi ha una manera correcta de viure la teva vida, només la que tu creguis que és coherent amb la teva manera de ser.

Et demano que tinguis paciència a l'hora de valorar els teus avanços perquè si vols que realment hi hagi un canvi qualitatiu al teu interior del que es tracta és d'anar lentament però amb fermesa. No serviria de res fer veure que tot ha millorat de la nit al dia perquè no seria real: aquest és un treball de creixement personal i com a tal no hi ha una data límit, sempre estem en plena evolució. Encara avui soc conscient que tinc moltes coses per polir i per això continuo aplicant algunes de les claus en la mesura que em resulta possible, les necessito o em ve de gust.

De vegades només has de passar pàgina per començar a sentir-te millor.

«Seria curiós i potser sorprenent descobrir en quina mesura influeix el plaer de respirar en els nostres ideals més elevats i transcendentals».
— George Santayana

1

RESPIRA

Si algú sabés la fórmula de la felicitat creu-me que a hores d'ara ja l'hauria patentat i comercialitzat. Però potser el nostre principal error és pretendre abraçar massa coses quan en realitat, com em va dir algú ja fa molts anys, la felicitat és simplement la suma d'una sèrie de moments feliços.

Ara bé, com podem gaudir d'aquesta successió de moments si no estem bé? Doncs anant pas a pas, començant per una cosa tan aparentment senzilla com respirar. Sí, ja sé que ho fem regularment per sobreviure, però del que es tracta és de fer-ho conscientment perquè només així gaudirem de la sensació de plenitud que s'experimenta en notar l'aire modificant el nostre interior. Ja ho veuràs, intenta-ho ara: inspira... expira... Si ho has fet possiblement has comprovat que la tensió acumulada dificulta una mica l'entrada de l'aire als pulmons; si no ho has fet per escepticisme o per mandra, de debò que et recomano que ho intentis. Som-hi? Inspira... Expira...Això és tot, només volia que t'observessis. Segurament, en haver enfocat la teva atenció en les sensacions que experimentaves, hauràs constatat que només utilitzes una petita part de la teva capacitat pulmonar i que hi ha una certa resistència a deixar entrar l'aire profundament i lliurement. No et preocupis perquè té una explicació i, encara més important, una fàcil solució.

Són moltes les situacions en el nostre imaginari col·lectiu que associem amb un consell tan recurrent com «respira»: durant un part, en ple atac d'ansietat, després de fer un esforç físic, davant d'una emoció aclaparadora... En tots els casos se sobreentén que es fa referència a practicar una respiració conscient, per tant sembla lògic fer el que suggereix la saviesa popular i si més no provar-ho per veure com ens sentim, no trobes?

Quan vivim una experiència dolorosa, sense voler una de les primeres coses que fem és deixar de respirar bé. No ens n'adonem, però de la mateixa manera que les nostres emocions en resulten afectades, anem reduint gradualment la intensitat de les nostres inspiracions, allunyant-nos així del més valuós que tenim: la vida. A tots ens ha passat que en patir un fort disgust o rebre una notícia xocant ens hem quedat sense aire, com si ens haguessin pegat un fort cop de puny just damunt l'estern. Superat l'impacte inicial ens hem refet de la millor manera que podíem o sabíem i hem tirat endavant, però la nostra respiració ja ha quedat alterada, així que hem de fer el possible per reeducar-la. No es tracta de dramatitzar sinó d'entendre que és molt important fer una respiració fluida, perquè si no ens podríem quedar en un estat permanent de desànim i desmotivació que ens duria a deixar-nos portar pel que vingui sense posar-hi res per la nostra banda.

Recordo una època especialment complicada en la qual un cúmul de circumstàncies m'havien fet perdre la il·lusió. En sabia el motiu i pensava que, com es diu, «tot passa», però aleshores algú em va fer saber que la meva respiració estava al límit i això em va servir de crit d'alerta. No entraré en detalls perquè no és un llibre autobiogràfic, però el cas és que a partir d'aquell moment vaig veure molt clar que la meva actitud havia de canviar si no volia entrar en una espiral negativa. Perquè els pulmons, responsables d'aportar oxigen a les cèl·lules, tenen una relació directa amb la vida, amb la il·lusió de viure. Qualsevol malestar pulmonar significa que a qui el pateix li fa mal viure, sigui pel motiu que sigui, i si no es prenen mesures a llarg termini se'n podrien lamentar les conseqüències.

Reaprendre a respirar

El primer que fem en arribar a aquest món és respirar, però això no significa que a aquestes alçades de la nostra vida ho estiguem fent correctament. I és clar, si no respirem bé és molt difícil que ens sentim bé. Com ja he dit, respirar és viure, i observar la manera de respirar d'algú ens dona molta informació sobre aquesta persona. Tenint en compte que aquí els protagonistes som nosaltres, és important que aprenguem a observar-nos i a saber què altera la nostra respiració. Perquè per tenir hàbits respiratoris saludables és essencial respirar conscientment, i això suposa estar atents a com entra i surt l'aire del nostre cos i amb quina intensitat, velocitat o freqüència. Una respiració completa i profunda suposa un massatge intern que ens aporta energia, augmenta la capacitat dels nostres sentits i ens proporciona més oxigen a la sang, així que aquest ha de ser el nostre objectiu. Després ens centrarem en les virtuts d'una bona respiració, però per obtenir aquestes recompenses és necessari reaprendre a respirar bé.

Respirem uns vint cops per minut, i en cada una d'aquestes respiracions es produeix un intercanvi d'oxigen per alimentar les nostres cèl·lules i tonificar el cor. Tot i que respirar és fonamental perquè es tracta de la nostra primera font d'alimentació, no sempre li dediquem l'atenció que es mereix. Creiem equivocadament que n'hi ha prou d'agafar aire regularment per no asfixiar-nos però és tan o més important la manera com el deixem anar, perquè és aleshores quan el nostre estat físic millora. A causa de l'estrès i el ritme frenètic del nostre dia a dia tendim a respirar de manera accelerada i arrítmica, cosa que no ajuda gens a l'hora de tenir bons hàbits respiratoris, i quan no respirem adequadament i de manera conscient l'aire acumula restes de CO_2 i d'altres elements químics tòxics.

Però, quina és la millor manera de respirar? Una de les més recomanades pels experts és la respiració diafragmàtica, perquè envia una gran quantitat d'aire a la zona inferior dels pulmons i això proporciona una millor ventilació, recepció d'oxigen i neteja. A més a més, el moviment del diafragma activa el sistema nerviós parasimpàtic i per tant relaxa l'organisme.

Practiquem? Per començar busca una postura còmoda, ja sigui estirat o assegut, en la qual l'esquena estigui recta. Al principi et resultarà més fàcil si ho fas estirat panxa amunt i amb les mans a l'abdomen, però a mesura que avancis en la pràctica ho podràs fer assegut o fins i tot dempeus. Expulsa tot l'aire diverses vegades per relaxar-te i afavorir l'entrada del nou aire, i sobretot no forcis cap moviment ni intentis inflar el tòrax. Quan sentis l'impuls de respirar profundament, inspira pel nas i deixa que l'aire entri en uns tres segons, intentant que arribi fins al diafragma i l'empenyi avall. Després expira deixant anar l'aire per la boca durant uns set segons. És possible que les primeres vegades no t'hi sentis gaire còmode, però tingues confiança i veuràs que ben aviat podràs augmentar els temps d'inspiració i expiració i fins i tot seràs capaç d'incloure una petita pausa entre una cosa i l'altra, que també és molt recomanable.

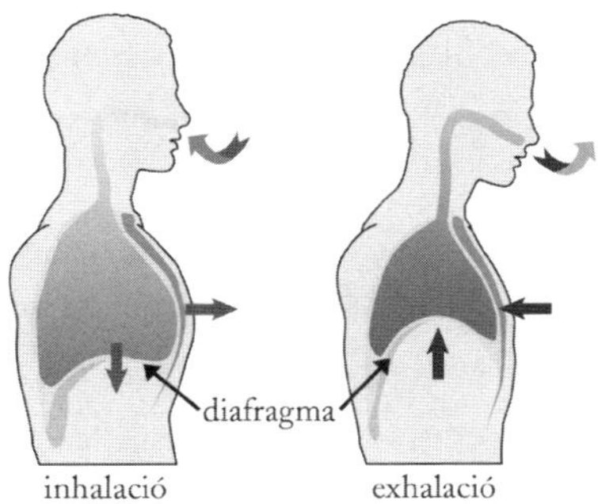

Mentre respires visualitza com les tensions i les preocupacions marxen alhora que expulses l'aire. Sé que no sempre ens resulta fàcil concentrar-nos quan estem estressats, però això també millorarà amb la pràctica, i sobretot el fet de sentir-te millor t'animarà a incorporar-ho al teu dia a dia. No és qüestió de forçar res perquè el que volem és recuperar la pau interior, així que simplement concentra't en el ritme de la teva respiració, en el temps que trigues a inhalar i exhalar i deixa fluir l'aire. Si t'ajuda, posa les mans al baix ventre intentant que l'aire arribi fins allà en lloc de quedar-se al pit, però dona't temps per anar-t'hi sentint còmode i veuràs que com més respiris conscientment més aprofitaràs tota la teva capacitat pulmonar.

Sempre que puguis, o com a mínim abans d'anar a dormir, dedica una estona a fer diverses respiracions conscients i profundes com aquestes. Veuràs que cada vegada et sents més relaxat i que amb les repeticions el teu cos va recuperant el seu equilibri natural i alliberant tensions. Potser no serà un resultat immediat, però si hi insisteixes i ho integres a la teva rutina (especialment quan sentis que estàs perdent el control de les teves emocions) apreciaràs una gran millora tant física com emocional.

Aprendre a respirar bé requereix el seu temps. No t'impacientis ni pretenguis resoldre en un dia el que el teu cos ha anat alterant durant anys sense ser-ne conscient, perquè la clau és precisament recuperar el control de la teva respiració i això només ho aconseguiràs si ets constant, si no et rendeixes.

Resumint: Inspiració pel nas en tres segons, expiració per la boca en set segons. Augmenta el temps en funció de les teves necessitats i quan ja et sentis còmode intenta retenir l'aire al teu interior uns segons abans d'expulsar-lo.

Beneficis d'una bona respiració

Tan bon punt comencis a practicar les tècniques per a una bona respiració o simplement dediquis un temps diari a inspirar i expirar profundament aniràs apreciant una sèrie de canvis físics i emocionals.

En l'aspecte emocional, respirar bé i de manera regular augmenta la nostra capacitat de concentració i d'autoconsciència, evita que tinguem atacs d'ansietat o d'ira i ens ajuda a trobar un estat de serenitat i equilibri. També ens pot retornar la confiança en nosaltres en moments determinats; per aquest motiu és important dedicar-hi un temps abans d'entrevistes de feina, d'exàmens, o de qualsevol cita que ens provoqui algun tipus de tensió.

Però no només això:

Quan respirem bé...

→ la nostra energia augmenta
→ ajudem a reduir l'estrès i la tensió
→ millorem el control de les nostres emocions
→ prevenim i curem certs problemes físics
→ alleugerim el dolor
→ millorem la concentració i el rendiment físic
→ eliminem toxines
→ sentim més plaer durant les relacions sexuals
→ tenim més serenitat mental
→ reforcem el sistema immunològic

- → aclarim les idees i tenim més facilitat per prendre decisions
- → es redueix l'esforç que fa el cor i la tensió arterial, i així millora la circulació de la sang
- → augmenta el nombre de glòbuls vermells, que generen més oxigenació i més quantitat de sang
- → el trànsit intestinal i la capacitat de l'organisme d'assimilar i digerir aliments milloren
- → les glàndules i la pell es rejoveneixen
- → el funcionament del sistema nerviós parasimpàtic millora perquè el ritme cardíac es redueix i la musculatura es relaxa
- → els pulmons guanyen elasticitat, i així es fan més forts i augmenta la seva capacitat i resistència
- → cremem més greixos

Vist així sembla una bona idea començar a respirar conscientment, no? No m'han agradat mai les amenaces o posar la por al cos a ningú, així que obviaré la llista dels problemes que es poden derivar d'una mala respiració. De totes maneres, per si encara no hi dones gaire importància, només cal que observis el teu cos i apreciïs com et sents normalment quan respires per inèrcia. Deixa que et doni algunes pistes: tens poca capacitat pulmonar i toràcica i l'aire et queda al pit, notes la boca resseca i et costa fer la digestió, estàs cansat, pessimista, irritable o constantment destemperat... no continuo perquè ja he dit que no pretenc espantar ningú. Només tu tens el control del teu cos, i ets tu qui ha de decidir si et vols sentir millor fent una cosa tan essencial com Respirar.

R — E — S — P — I — R — A

Fes-ho a consciència. Agafa't el temps que et calgui i tanca els ulls. Quan inspiris visualitza imatges que t'aportin pau i benestar. En expirar deixa que l'aire s'endugui qualsevol malestar o preocupació.

I recorda: Tot està bé.

«Fes el primer pas amb Fe. No has de veure
tota l'escala, només fes el primer pas».
— Martin Luther King

2
CAMINA

Així de senzill i difícil alhora, no? Però, i si ho proves? Només es tracta de fer aquest primer pas, sense pensar en res més.

La tristor ens convida sovint a quedar-nos al llit o estirats al sofà, a no sortir de casa perquè d'aquesta manera ens aïllem del món i ens sentim més segurs en el que convertim en una falsa zona de confort que és de tot menys confortable. Ara bé, no crec que et sorprengui gaire si et dic que això no t'aporta res de bo sinó més aviat al contrari, ja que una de les millors coses que podem fer quan ens sentim aclaparats, deprimits o perduts és sortir a caminar, encara que sigui sense cap rumb concret.

Quantes vegades tens la sensació que les parets et cauen al damunt i que et manca l'aire? Potser et reconforta saber que això li passa a tothom amb més o menys freqüència, però en aquests casos la inacció només augmenta la teva desesperació i frustració. Per això és tan important que de seguida que notis que comences a ser una olla de pressió, que fa estona que dones voltes al mateix o que estàs neguitós amb o sense cap motiu clar, surtis a passejar.

No cal que facis cap ruta planificada, del que es tracta és d'agafar les claus, tancar la porta i deixar-te sorprendre pel teu entorn. El fet de poder decidir a cada passa cap on vols anar t'ajudarà a sentir que recuperes el control que potser creus que has perdut, t'alliberarà tensions i alhora et permetrà descobrir nous racons de la teva ciutat o d'allà on siguis. Sé que a priori fa mandra, així que només et demano un petit esforç: el d'aixecar-te i fer aquest primer pas que ben segur que t'aportarà grans beneficis en tots els sentits.

La durada i el ritme els has d'adaptar a les teves necessitats: potser hi ha dies en què el cos et demanarà una passejada relaxant i que per tant optaràs per una caminada lenta i contemplativa, i d'altres en què caminaràs de pressa —o fins i tot correràs si pots i et ve de gust— i aleshores en tindràs prou amb menys estona. Qualsevol de les opcions serà igual de vàlida perquè ets tu qui ha de fer la passejada a mida en funció de com et sentis a cada moment, així que decideixis el que decideixis estarà bé. El més important és que en sortir t'hauràs demostrat que tens més força de voluntat del que et pensaves i que quan vegis que bé que et prova ben segur que ho repetiràs.

Si pots camina una estona cada dia intentant no pensar, imaginant que has deixat a casa o a la feina els problemes, que se'ls enduu el vent que et frega el rostre. Avança a un ritme que no et permeti capficar-te, i si a meitat d'aquest trajecte indefinit trobes algun lloc que et convida a seure, fes-ho. Aleshores respira, observa, felicita't per haver arribat fins allà, i ja veuràs que el camí de tornada et resultarà molt més lleuger. En realitat no és tant una qüestió de caminar com del que representa: el teu afany d'intentar-ho, de no rendir-te.

Possibles escenaris

Quan surtis a passejar, aprofita els avantatges del teu entorn per convertir l'experiència en un moment especial del teu dia.

→ ***A la ciutat:*** Per a la majoria la ciutat és el paisatge més habitual quan sortim a caminar, així que hem de tenir la precaució de no estar tan concentrats en el nostre món interior que ens oblidem de mirar els semàfors, passos de zebra i altres vianants. Alhora, hem de ser conscients que segurament ens costarà una mica més relaxar-nos enmig d'un ritme tan frenètic. No permetis que això sigui una excusa per quedar-te a casa perquè la ciutat també és plena de jardins, de llocs per conèixer i de noves rutes per descobrir a cada sortida.

→ ***A la muntanya:*** Una bona passejada per la muntanya serà d'allò més saludable per al teu cap i per al teu cor. Si vius en un entorn muntanyenc o a prop del camp aprofita qualsevol oportunitat que tinguis per sortir a caminar, si no, troba el temps per fer una escapada. Respira i connecta amb la natura, amb les seves olors i sons, explora nous camins —sempre que siguin segurs, és clar— i observa els petits detalls que t'envolten. El fet d'estar enmig de tanta immensitat t'ajudarà a relativitzar el que et preocupa.

→ ***A la platja:*** Sens dubte el meu escenari preferit. Deia Eurípides que «l'aigua de mar cura tots els mals dels homes», i no sé si és per l'aigua o pel contacte amb la sorra, però una passejada per la platja et pot fer oblidar qualsevol problema durant una estona. Si tens el mar a prop, no t'ho pensis dues vegades i camina fins a la platja faci fred o faci calor. Seu, mira el mar i deixa't portar pel ritme de les onades, veuràs que t'hi acabes enganxant i que et resulta sanador. De fet, els neurocientífics recomanen anar a la platja regularment i han batejat la sensació de pau i tranquil·litat que s'hi experimenta com *l'espai blau.*

Qualsevol contacte amb l'exterior, especialment amb la natura, suposarà un bàlsam per al teu estat d'ànim, així que no et deixis vèncer per la mandra. Fins i tot en els dies ennuvolats el sol hi és, potser no el veuràs però les propietats dels seus raigs et recarregaran l'energia que se't va drenant quan et quedes tancat a casa.

Beneficis de caminar per a la ment i el cos

Caminar és l'exercici més econòmic i terapèutic que existeix, i és per això que tan bon punt comencis a fer-ho regularment notaràs un canvi interior important.

Pots caminar a més o menys velocitat i en funció d'això acceleraràs també el ritme a què cremes calories, però com que la intencionalitat primera d'aquesta passejada no és perdre pes el que et recomano és combinar una part de la passejada més contemplativa amb una de més activa perquè la teva sortida et sigui profitosa en molts aspectes.

En l'aspecte físic, caminar uns trenta minuts diaris millora el sistema cardiovascular i redueix per tant el risc de patir problemes de cor. També és molt recomanable per a persones hipertenses o diabètiques, reforça els ossos i oxigena les articulacions, sense oblidar que disminueix el mal d'esquena que segurament pateixes per culpa de les tensions acumulades. Ho creguis o no, cada cop que surts a caminar t'estàs allargant la vida d'alguna manera o, si et sembla una exageració, considera que com a mínim millores la qualitat dels teus òrgans a curt i llarg termini. A més, tots sabem el to de pell trencat que et queda quan passes massa temps sense cap mena de contacte amb l'aire lliure, així que el teu cutis agrairà que li donis un moment de respir de tant en tant. Si tens problemes de sobrepès però no ets d'anar al gimnàs, una petita passejada al dia a un ritme lleuger t'ajudarà a posar-te en forma i a accelerar el metabolisme. Que necessites més raons per decidir-te? Doncs aleshores et diré que caminar enforteix el sistema immunològic, aporta energia i que fins i tot afavoreix la mobilitat intestinal.

Com pots veure podria seguir enumerant raons per les quals al teu cos li convé caminar, però crec que ja tens prou arguments perquè quan et sobrevoli un núvol de tristor o d'estrès te l'espolsis del damunt i surtis al carrer.

De totes maneres, si et recomano caminar no és només pels efectes tan positius que té per a la salut física (si encara en dubtes, parla'n amb el metge de capçalera i veuràs quina alegria li dones) sinó principalment perquè en l'aspecte emocional notaràs un abans i un després des del primer moment que decideixis aixecar-te i posar-te en marxa. El fet de caminar regularment —i per tant de fer una mica d'exercici— t'ajudarà a recuperar la sensació de control, una qüestió fonamental per a les persones que estan deprimides o que pateixen d'ansietat. La teva passejada té una recompensa anomenada endorfines, que són les hormones que generem en practicar alguna activitat física i que ens provoquen sentiments de plaer i fins i tot d'eufòria. D'aquí que l'anomenin l'hormona de la felicitat! Per això resulta tan positiu sortir a caminar, perquè no necessites gaire esforç ni recursos pels beneficis que et pot reportar. A més, si tens qualsevol molèstia física, aquestes endorfines màgiques l'alleugeriran. També és possible que si estàs estressat pel moment delicat que vius notis que et costa especialment concentrar-te o dormir a la nit, doncs, saps què? estàs de sort perquè resulta que l'exercici que es fa en caminar millora la capacitat intel·lectual i ajuda a dormir.

Però la raó principal per sortir a caminar quan no tinguis un bon dia o simplement necessitis oxigenar-te és que notaràs com t'augmenten l'autoestima i la confiança en tu mateix. Perquè la suma d'estar més en forma, de millorar la teva aparença i especialment de veure que has complert l'objectiu que t'has proposat et farà sentir orgullós de tu mateix i et recordarà que, enmig del descontrol en què s'hagi pogut convertir la teva vida, quan surts a caminar ets tu qui decideix on vols anar i a quin ritme.

Espero que com a mínim t'hagis quedat sense excuses per no fer aquest primer pas que et proposo. Intenta-ho un dia, ja veuràs que el fet de sentir-te millor després d'una estona de caminar t'animarà a repetir-ho l'endemà.

'Kit' ideal per sortir a caminar

Aquest no és un capítol dedicat a l'ara tan de moda *trekking* ni a les tècniques per caminar com un autèntic professional. Aquí del que es tracta és de comprovar que passejar una estona cada dia et beneficiarà tant físicament com emocionalment. Per això he pensat que t'anirà bé tenir una petita llista perquè quan estiguis a punt de tancar la porta amb clau no t'hagis de preocupar de si vas ben equipat o no.

→ ***Roba i calçat còmodes:*** No surtis a caminar pensant si et creuaràs amb algú conegut perquè aleshores potser t'acabaràs fent enrere. Simplement vesteix-te per a tu, amb el que et vingui de gust, escollint com a mínim un calçat còmode per no acabar amb els peus nafrats i haver de tornar al cap de cinc minuts. Que et ve de gust mudar-te o posar-te un barret? Fes-ho! És la *teva* passejada, de ningú més.

→ ***Telèfon:*** No cal preocupar els de casa si passes molta estona fora, i tampoc se sap mai quan poden intentar contactar amb tu per donar-te bones notícies, així que agafa el mòbil i de passada també podràs fer fotos si trobes alguna cosa interessant. Ara bé, com que es tracta de desconnectar al màxim, evita estar constantment mirant la pantalla per si ha arribat un nou missatge o correu. A més, caminar i consultar el mòbil pot ser perillós.

→ ***Música i auriculars:*** Ja sigui amb el telèfon mòbil o amb un reproductor a part, et recomano que no et falti la música en les teves sortides. Potser hi haurà estones que et vindrà de gust connectar amb els sons de la natura o escoltar les onades del mar, però sobretot al mig de la ciutat agrairàs tenir una banda sonora personalitzada per estalviar-te el xivarri.

→ ***Ulleres de sol:*** Aquesta és una peça de doble funció: si fa sol et protegirà els ulls dels raigs UVA, i si en algun moment necessites aïllar-te una miqueta perquè t'has emocionat o simplement perquè vols anar a la teva, serà una peça clau per no tenir contacte visual amb ningú.

→ ***Protecció solar:*** No t'enganyis, el sol no només crema a l'estiu. Si has de sortir i veus que fa bon dia no t'oblidis posar-te protecció solar, sobretot a la cara i evidentment a les zones que quedin descobertes. No voldria que et sentissis millor gràcies a la passejada però que, en canvi, tornis a casa cremat i adolorit.

→ ***Mocadors de paper:*** De nou un element amb doble funcionalitat, com les ulleres de sol. Si mentre camines t'envaeix algun sentiment que et remou, un mocador de paper et pot fer un bon servei. També pot ser que en el moment menys pensat tinguis ganes d'anar al lavabo i entris en algun lloc on no tinguin paper (si ets al mig del camp, ja ho saps...), així que un mocador t'estalviarà situacions incòmodes.

→ ***Diners:*** Portis bossa o no (això dependrà de la capacitat de les teves butxaques), agafa diners o la targeta de crèdit si no tens efectiu a mà. Mai se sap quan et pot venir de gust seure a prendre alguna cosa o fer una compra improvisada.

→ ***Oblida't del paraigua:*** Sé que és molt personal, però et recomano que si no és que diluvia (en aquest cas potser és millor sortir més tard) provis de mullar-te. No t'imagines que bé que et pot fer sentir el contacte de les gotes de pluja amb la pell.

A més, si com jo portes ulleres regularment o puntualment, tampoc passa res, només cal que de tant en tant les eixuguis amb la roba o els mocadors que espero que hagis inclòs al teu *kit* d'expert en caminades.

Sempre que sentis que alguna cosa t'inquieta, surt i camina. Veuràs que en pocs minuts la ment està en un lloc millor.

«Estimar-se un mateix és l'inici d'un romanç per a tota la vida». — Oscar Wilde

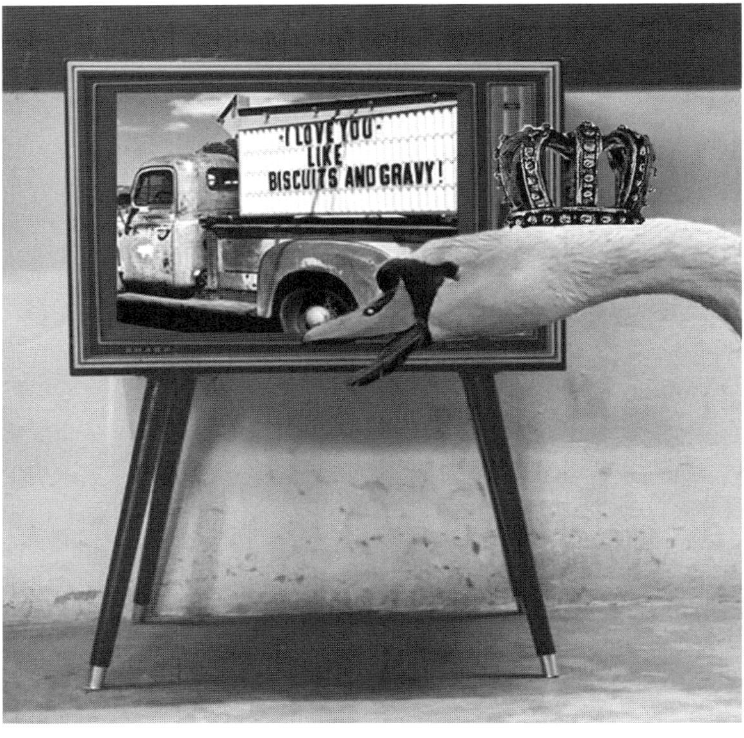

3
VALORA'T

Ens mirem al mirall diversos cops al dia, però en la majoria d'ocasions ho fem d'una manera tan mecànica que ens oblidem del més important: veure'ns realment. No deixa de ser simptomàtic que quan ens arreglem o ens endrecem ens quedem amb una imatge bastant general del nostre aspecte per evitar, d'aquesta manera, de fixar-nos detalladament en el nostre reflex i en el que transmet la nostra mirada. Si analitzes la teva actitud habitual davant d'un mirall t'adonaràs que com millor et sents més estona hi dediques, i que potser en aquestes ocasions fins i tot t'atreveixes a mirar-te directament als ulls. En canvi, si no et sents gaire bé possiblement ho fas a més velocitat i evitant qualsevol contacte massa íntim amb una mirada que et pugui recordar que poc que t'estimes en aquests moments.

Amb els pensaments i missatges que ens infonem a nosaltres mateixos passa una cosa semblant. Quan ens sentim millor tendim a animar-nos verbalment o amb el pensament, dient-nos tot allò que fem bé i celebrant més o menys efusivament les nostres virtuts. Contràriament, quan estem malament en lloc de tenir una certa compassió amb nosaltres —com la tindríem amb qualsevol persona que estimem— i dir-nos coses bones, qüestionem la nostra vàlua i ens convencem que potser ens mereixem tot allò que ens passa. I per més que és un raonament sense cap fonament o lògica real, entrem en una espiral autodestructiva que ens porta a sentir-nos inferiors a la resta.

L'arrel del problema és que estem creant una societat on cada cop s'associa més el valor personal a les circumstàncies externes. I el pitjor de tot és que ens ho estem creient. Per això possiblement ara que vius dies complicats no tens l'autoestima en gaire bon lloc, i mentre sigui així serà difícil que puguis sortir del pou. Perquè per estar bé és imprescindible estimar-se, valorar-se amb sinceritat i no en aparença.

L'autoestima

El concepte que tenim de nosaltres mateixos es coneix com a autoestima, i té una gran incidència en la nostra qualitat de vida. Per això una persona amb un bon nivell d'autoestima s'alegra de ser qui és i es respecta, però qui té l'autoestima ferida ni s'estima ni es creu digne de ser estimat i/o valorat.

Hi ha qui confon tenir l'autoestima alta amb l'egocentrisme, la vanitat o la manca d'humilitat, però es tracta d'una creença d'allò més errònia perquè quan t'estimes de debò no necessites demostrar constantment que estàs per damunt de ningú. Encara més, les persones amb tendència a mirar-se al melic solen tenir l'autoestima tan baixa que ho compensen

—equivocadament—amb atributs que no hi tenen res a veure i que en excés són més perjudicials que beneficiosos.

Tenir una autoestima sana implica confiar en les nostres capacitats i pensaments i considerar-nos aptes per relacionar-nos amb el nostre entorn d'una manera resolutiva. Dit d'una altra manera: estimar-nos i, per tant, donar-nos el valor que ens mereixem des de la humilitat però amb la seguretat de saber-nos millors del que sovint ens pensem que som. Perquè quan l'autoestima no està ferida tenim prou força per no permetre que percepcions externes es converteixin en autocrítica. D'altra banda, les persones amb una baixa autoestima senten que no tenen prou habilitats per merèixer-se la felicitat i això els acaba provocant un sentiment d'inferioritat que condiciona enormement cada una de les seves accions, eleccions i relacions.

És difícil estimar-se quan fa molt temps que permetem que arrelin al nostre interior comentaris negatius propis o aliens, però afortunadament sempre som a temps de fer front a aquests pensaments limitadors que ens bloquegen i de començar-nos a valorar positivament, de reconèixer els nostres mèrits, d'acceptar els errors i febleses sense castigar-nos i d'enfocar l'atenció en els nostres esforços per tirar endavant en lloc de recrear-nos en la caiguda i en el que podem haver fet malament.

No oblidis mai que ets l'única persona amb qui convius les vint-i-quatre hores de dia, per tant, tingues molta cura quan parlis amb tu i de tu. Perquè sí, perquè et mereixes tractar-te molt millor. Estic convençuda que quan algú proper se sent inferior no trigues a animar-lo i li fas una llista verbal de les seves virtuts, així que ara és el teu torn.

Com millorar l'autoestima

Tenir un bon nivell d'autoestima —ni tan alta per convertir-la en vanitat ni tan baixa per menysprear les nostres qualitats— és bàsic per superar problemes d'ansietat, de depressió i per poder fer front a certes circumstàncies. Però, com el podem apujar quan sentim que hem deixat d'estimar-nos? Aquí tens algunes pistes:

→ ***Intenció:*** El primer que has de fer, com en tot, és voler millorar en aquest aspecte i proposar-te seriosament deixar enrere actituds negatives envers la teva pròpia persona.

→ ***Silenci:*** Evita escoltar aquelles veus interiors que et repeteixen tot el que has fet malament o que t'asseguren que no aconseguiràs res del que et proposis.

→ ***Esforç:*** Si et quedes immòbil serà impossible millorar la teva autoestima, així que passa a l'acció i busca oportunitats que et permetin demostrar la teva vàlua. Posa't petits reptes i objectius de manera que quan els assoleixis —que segur que ho faràs— et puguis felicitar, això t'animarà.

→ ***Positivisme:*** Per cada pensament negatiu que et vingui al cap crea'n un de positiu que et recordi totes les coses bones que ets i que pots aconseguir si t'ho proposes. Mira què pots aprendre d'una situació adversa, observa com t'hi estàs adaptant i què has de canviar perquè no et torni a passar. Tu esculls si et quedes amb els fracassos i errors o amb els canvis i l'aprenentatge. Treballa en els pensaments i llenguatge positius especialment envers tu, i aparta qualsevol comentari negatiu o de censura.

→ ***Perspectiva:*** Agafa una mica de distància per veure les teves circumstàncies actuals i dona als problemes el seu valor real. Segurament no tots són tan greus com els veus ara mateix. Aquest canvi de perspectiva et permetrà relativitzar la situació i t'inspirarà possibles solucions. A més, agafar perspectiva t'ajudarà a no idealitzar el passat.

→ ***Valentia:*** Enfronta't a nous reptes, posa't a prova en lloc d'evitar sortir de la teva zona de confort. La por no ha de ser mai una excusa per no intentar-ho, i superar desafiaments t'ajudarà a valorar-te i a estimar-te més. Que les inseguretats no et controlin, el control l'has de tenir tu.

→ ***No:*** Aprèn a dir que no. Això et farà sentir més respectat i evitarà que per por del rebuig facis coses que no voldries fer. Quan accedim a certes peticions condicionats pel que puguin pensar de nosaltres acabem empitjorant l'estat de la nostra autoestima. De vegades cal marcar límits per evitar que ens menystinguin, així que saber dir que no (literalment o metafòricament) és una manera de fer-te valer i de no acceptar allò que no et convé.

→ ***Expressa't:*** Parla de les teves emocions i sentiments sense por i de manera saludable, veuràs com et sents millor. Si et tanques i et conformes amb el que has acabat creient de tu mateix perdràs l'oportunitat d'escoltar altres punts de vista que possiblement són molt més positius que els teus.

→ ***Complaure:*** És impossible complaure i agradar a tothom, així que accepta-ho i no t'esforcis en una batalla impossible de guanyar. Sigues autèntic amb la teva essència, actuant amb honestedat i respecte, i assumeix que no es pot caure bé sempre.

És millor que t'apreciïn per ser qui ets que per la imatge que has creat per encaixar.

→ ***Accepta:*** Has d'acceptar el que estàs vivint actualment i, per damunt de tot, t'has d'acceptar a tu mateix sense jutjar-te, castigar-te o qüestionar-te. Centra't en el present perquè mirar enrere només et farà lamentar-te i buscar explicacions que potser no trobaràs i que et duran a menysprear-te. Això no implica conformar-se sinó assumir que la vida és una constant evolució i que dels canvis en podem obtenir grans recompenses.

→ ***Evita les comparacions:*** Mirar al teu voltant ha de convertir-se en un exercici per buscar estímuls, respostes o propòsits però mai en una raó per creure't inferior. Les xarxes socials són plenes de fotos idíl·liques on tothom sembla que presumeix d'una vida de color de rosa, però has de saber que les aparences sovint enganyen. Comparar-te amb els altres, especialment quan en desconeixes les circumstàncies reals, només et portarà a rebaixar la teva autoestima. El teu camí és tan únic com tu, així que no miris com és el dels altres si no és que sigui per motivar-te o inspirar-te.

→ ***Mira't amb bons ulls:*** Dona't el valor que et mereixes i recupera l'hàbit de valorar també tot allò que fas i que has fet bé. La modèstia mal entesa pot ser molt perjudicial, així que no deixis de reconèixer els teus mèrits i capacitats, que segur que hi són encara que ara et costi de veure'ls. Fes una llista de les teves virtuts i afegeix-hi alguna cosa nova cada dia. Al principi et costarà perquè t'has acostumat a criticar-te, però amb temps i paciència segur que aconseguiràs anotar un munt de qualitats. No esperis més, agafa paper i llapis i comença avui mateix.

→ ***Parla amb el mirall:*** Cada cop que estiguis davant d'un mirall llança't una floreta. No cal que sigui necessàriament sobre el teu físic, pot ser també per alguna fita aconseguida o algun tret de la teva personalitat que vulguis aplaudir. Si et costa fer-ho en veu alta, una altra manera de dir-te coses boniques o missatges positius és escriure'ls a *post-its* i enganxar-los al mirall del lavabo de casa per llegir-los cada cop que t'hi plantis al davant.

Com deus haver vist, de la suma de fer una sèrie de petits ajustos interns en pot sortir una autoestima reforçada. De la mateixa manera, si practiques les propostes dels altres capítols del llibre notaràs que tot influeix favorablement en aquest aspecte i que, per exemple, tan bon punt et perdonis, practiquis esport, et mimis o t'il·lusionis el teu nivell d'autoestima augmentarà.

Ara bé, el primer que has de canviar és aquesta percepció distorsionada que tens de tu mateix, ja que no només és absolutament injusta sinó que reafirma la falsa creença que vals el que tens, i no em refereixo únicament a qüestions materials. Pensa que encara que estiguessis vivint una de les èpoques més dolces de la teva vida això no implicaria necessàriament tenir l'autoestima més alta que ara, perquè quan un no es valora prou no importa quines siguin les seves circumstàncies externes.

La postura del Superheroi

Fa bastant temps em va arribar a les mans un estudi que em va despertar la curiositat. Després d'haver-lo posat en pràctica personalment, crec que et pot anar molt bé de cara a millorar la teva autoestima i per sentir-te més valuós en moments concrets.

Com ja deus saber, la comunicació no verbal és tan poderosa que els experts l'analitzen intentant desxifrar claus de la personalitat a través del llenguatge corporal. Segurament, en més d'una ocasió has apreciat les tensions del teu interlocutor abans que obrís la boca o saps llegir aquells gestos de persones properes que et revelen el seu estat d'ànim sense necessitar paraules, i això és perquè de manera intuïtiva tots entenem les emocions que hi ha al darrere d'una postura. Només hem d'estar alerta per captar-ne els senyals.

Doncs bé, tenint en compte que el millor d'aquests coneixements és poder-los utilitzar en el benefici nostre, ja fa anys que algunes prestigioses universitats van decidir anar un pas més enllà i estudiar el camí invers: de quina manera la nostra posició corporal pot influir en les nostres emocions i actituds. Fent diferents proves amb grups de conillets d'índies humans no van trigar a descobrir que en funció de les postures a què els sotmetien podien alterar el seu estat d'ànim, i una de les conclusions a què van arribar és que assumir una postura de poder abans d'afrontar certes situacions infon valor i confiança en un mateix. Per tant, el fet d'adoptar una postura dreta, oberta, de dominació i seguretat ens ajuda a enfrontar-nos a la vida amb la sensació de tenir més poder fins i tot del que ens pensem que tenim.

Aquesta postura tan valuosa per a la nostra autoestima es coneix com la del superheroi, precisament perquè s'assembla a la que des de petits associem amb els herois de ficció. Seria una cosa així:

Quan em vaig assabentar de les propietats màgiques d'aquesta postura la vaig posar en pràctica abans d'una cita important. No sé si per autosuggestió o no, però el cas és que vaig passar una estona amb els braços als malucs, el pit enfora i la barbeta alta i confesso que em vaig sentir més valenta i preparada que uns minuts abans. Ara és un as a la màniga que he volgut compartir amb tu, així que sempre que et sentis una mica desanimat, que dubtis de les teves capacitats o que tinguis una entrevista de feina o una trobada personal que et fa sentir insegur, dedica una estona a emular un superheroi i veuràs com augmenta la teva confiança. Cada cop que et poses en la pell mental d'aquest superheroi, estàs millorant la teva autoestima. Per cert, si et fa riure veure't així, encara millor, perquè un bon somriure és una carícia a l'ànima.

> Cap de les teves circumstàncies actuals et fa més o menys bona persona que un temps enrere. Aprèn a donar-te el valor que et mereixes més enllà de tot i de tothom.

Les meves virtuts*

***continuarà...** (agafa una llibreta i continua anotant motius que et fan ser especial)

«Per riure de veritat, has de ser capaç d'agafar el teu dolor i jugar-hi». — Charles Chaplin

4

SOMRIU

Charles Chaplin, tot un mestre en l'art de la comèdia, també deia que «un dia sense riure és un dia perdut». I em pregunto: quants dies has perdut darrerament? Sigui quina sigui la resposta, et puc assegurar que és massa temps, i com que el temps és precisament un dels nostres béns més preuats et proposo que marquis el dia d'avui al calendari ja que a partir d'ara farem el possible perquè això canviï.

Una de les reaccions naturals davant el dolor o els problemes és deixar de riure, i aleshores ni tan sols ens surt esbossar un somriure. Per què hauríem de somriure, no? Resulta gairebé impossible trobar res capaç de fer-nos alçar les comissures dels llavis i encara menys d'arrencar-nos una riallada espontània; i si en algun moment puntual abaixem la guàrdia i estem a punt de cedir davant d'una broma o d'un comentari divertit, se'ns desperta un sentiment de culpa que ens xiuxiueja a cau d'orella que si estem malament no hem de somriure i que, per tant, de riure ni parlar-ne. Però torno a plantejar-te una pregunta —o dues—: per què no? qui ha dit que no podem riure quan no estem bé? Aquest és un d'aquells raonaments que possiblement vam aprendre de petits, quan ens renyaven si rèiem en moments considerats inoportuns pels adults, però creu-me: el sentit de l'humor pot ser una taula de salvació durant una mala temporada.

Ja que parlem de la infantesa, has de saber que fins i tot els fetus somriuen, per tant és evident que es tracta d'un mecanisme innat. Però no estàs sol en la teva seriositat autoimposada, perquè resulta que amb el temps tots anem perdent el somriure gradualment, i si de petits somriem uns quatre-cents cops al dia, la majoria d'adults amb prou feines arribem als trenta somriures. Ara bé, en un cas així tenim dues opcions: escudar-nos en totes les raons que semblen justificar la pèrdua de l'alegria o buscar la manera de somriure per sortir de la foscor. T'asseguro que si optes per la segona, relativitzaràs els teus problemes i canviaràs de freqüència més de pressa del que t'imagines.

Molts de nosaltres tenim una certa tendència a ocultar el dolor darrere d'una mena de màscara més o menys somrient. Ens la posem perquè no volem preocupar els altres o per no haver de donar explicacions, però no és un somriure forçat el que et desitjo, sinó que recordis com tornar a somriure de veritat, a riure a ple pulmó sense por ni culpa. No t'ha passat mai que en el moment menys pensat t'ha agafat un atac de riure pel detall més absurd? Aquests són, sens dubte, els riures més plaents, els que sorgeixen de manera espontània i sense filtres. Si recordes aquesta sensació estaràs d'acord amb mi que per retrobar-te amb el teu jo més divertit necessites eliminar qualsevol bloqueig en matèria de riures, i per tant el primer que has de fer és repetir-te que està bé riure. A partir d'aquí, busca qualsevol excusa o motiu per somriure i deixa't anar per recuperar la connexió amb el teu sentit de l'humor.

Propietats del somriure

En altres capítols parlarem dels beneficis per a la salut d'algunes de les propostes suggerides al llibre, però en aquest cas m'agradaria ajudar-te a prendre consciència de la importància del somriure a nivell social i, especialment, a nivell emocional. Hi ha un munt de raons per les quals és aconsellable somriure, i la principal és que cada cop que somriem alliberem serotonina i endorfines, la recepta màgica i natural de la felicitat que a partir d'ara es convertirà en la teva nova aliada. Aquestes hormones còmplices et faran sentir millor a l'instant, però encara hi ha més coses:

En l'aspecte emocional i psicològic, somriure...

→ augmenta la memòria, el pensament creatiu i la nostra capacitat per resoldre problemes
→ afavoreix l'eliminació de pensaments i emocions negatius
→ alleugereix les tensions, relaxa
→ al matí ens ajuda a començar bé el dia
→ fomenta i potencia el nostre sentit de l'humor
→ redueix el patiment físic i mental
→ ens dota d'un caràcter optimista i triomfador que allarga la vida

- estimula l'alegria
- ajuda a dormir i, per tant, a tenir un millor estat anímic
- allibera emocions reprimides
- ens fa semblar més joves físicament i mentalment

En l'aspecte social, somriure...

- ens fa més amigables i augmenta la nostra solidaritat
- pot ajudar que ens perdonin algun error
- ens fa resultar més fiables, generosos i extravertits
- millora les nostres dots de seducció
- afavoreix les relacions amb els altres
- fa que tinguem millors expectatives de futur
- ens ajuda a fer més bé la nostra feina
- s'encomana i pot fer que alegris algú altre (la meitat dels somriures són correspostos)
- millora el nostre atractiu físic de cara als altres
- atrau coses positives, és com un imant màgic
- ens fa més empàtics
- dona forces per enfrontar-nos a persones adverses i a problemes
- ajuda a viure amb més intensitat les petites coses de la vida
- ens fa semblar més accessibles
- transmet una expressió de felicitat beneficiosa en les relacions personals i professionals

No està gens malament, oi? Tens més ganes de somriure que fa una estona? Estàs somrient quan hi penses? Espero que sí ;)

Voldria aclarir, però, que un somriure fingit o desganat no té el mateix efecte que l'autèntic perquè en el fons és una manera d'autoenganyar-nos, i a la llarga ens pot fer sentir pitjor ja que en notar que no ens neix de dins ens recordarà tots els motius pels quals no hauríem de riure. El somriure genuí, el que busquem, es coneix com el *somriure Duchenne*, i es diferencia del fals somriure perquè en aquest cas s'alcen les galtes i els extrems dels llavis, es mostren les dents i es fan petites arrugues al voltant dels ulls. Veus? Ara com a mínim sabràs detectar riures o somriures sincers, però sobretot —i això és el més important— sabràs reconèixer els teus.

De totes maneres hem de veure sempre la part positiva i si notes que et costa una mica recuperar l'hàbit tinc una bona notícia per a tu: malgrat que simular un somriure no és tan plaent o beneficiós com l'autèntic, també et farà sentir millor. El motiu? Doncs que la propiocepció és un camí bidireccional, i això implica que si quan estem contents el cervell ordena a la nostra cara que somrigui; quan somriem (encara que no sigui genuïnament) el cervell entén que hi ha alguna raó per la qual estem contents i per no ser incongruent amb nosaltres ens comença a canviar l'estat d'ànim per fer-nos sentir més alegres. Ja no tens excuses: aprofita't d'aquesta retroalimentació i veuràs que per poc esforç que hi posis per la teva banda els somriures forçats aviat es transformaran en autèntics. I alhora t'allunyaràs de la tristor perquè, com hauràs comprovat a aquestes alçades, deixar de somriure augmenta el nostre estat depressiu.

La risoteràpia

La prova que somriure és terapèutic és que hi ha centres i experts que s'hi dediquen professionalment. No et pensis que es tracta d'un invent recent o d'una campanya viral patrocinada per marques de dentífrics, ja que fa més de quatre mil anys, concretament a l'antic imperi xinès, hi havia espais habilitats perquè la gent es reunís per riure i equilibrar així la seva salut. Actualment, l'existència de diversos estudis que avalen les saludables propietats de l'humor i el riure ha impulsat iniciatives com la presència de pallassos a les ales infantils de diversos hospitals o que proliferin els tallers de risoteràpia com a eina capaç de millorar l'estat físic i mental dels assistents.

Quan tenim temps lliure ens apuntem a cursos d'idiomes, de dansa o de cuina però possiblement no ens ha passat mai pel cap que podem anar a classes on l'assignatura principal és riure. I no sona més atractiu dedicar unes hores al mes a riure que a prendre apunts o a estudiar llargues lliçons? O fer totes dues coses per compensar? Doncs si t'estàs plantejant aquesta opció has de saber que a la majoria de ciutats hi ha escoles o associacions on es pot practicar la risoteràpia. Només has de buscar la que et quedi més a prop i inscriure-t'hi.

Què aporten aquestes classes? Pel que fa a l'exercici, en somriure activem uns quatre-cents músculs i alhora ens fem un automassatge a la zona de la columna i les cervicals. Si el riure és tan intens que acabem plorant, aconseguim lubricar i netejar els ulls amb les llàgrimes. També, per descomptat, millorem l'oxigenació perquè quan riem ens entra el doble d'aire als pulmons que quan simplement respirem. No hem d'oblidar tampoc la llarga llista de beneficis mentals, emocionals i socials de què hem parlat abans, però sobretot pensa que després de dedicar una hora a riure intensament sentiràs un gran alleujament en haver deixat enrere una part de la teva càrrega personal i veuràs que no estàs sol, ja que qui més qui menys de vegades necessita simplement riure.

Trucs per somriure

La teoria està molt bé, deus estar pensant, però i ara què? I si no em surt somriure? I si no trobo res que em faci gràcia? I si no em ve de gust apuntar-me a un curs de risoteràpia o no me'l puc permetre? No passa res, potser estàs una mica desentrenat però hi ha coses que no s'obliden, i riure és com anar en bicicleta, amb l'avantatge que afortunadament en aquest cas no pots caure.

Intenta sortir una estona de la teva bombolla de lamentacions i pensa què és el que et solia fer riure. Hi ha alguna persona al teu entorn capaç de fer-te riure fins i tot de tu mateix? Alguna sèrie o alguna pel·lícula que t'arrenqui una riallada? Recordes quins han estat els moments més divertits que has viscut recentment? Un cop tinguis una llista de tot allò que et fa somriure, aferra-t'hi amb força i posa-ho en pràctica. De totes maneres, per si no saps com connectar amb aquella part de tu on s'emmagatzema el teu sentit de l'humor, aquí tens algunes idees que espero que t'ajudin a trobar noves raons per les quals somriure:

→ ***Comença el dia amb un somriure:*** Procura fer l'exercici de somriure tan bon punt et despertis, fins i tot abans d'obrir els ulls. Així establiràs el to del que serà el teu dia i et carregaràs d'una bona dosi d'energia positiva que t'acompanyarà durant les hores següents.

→ ***Riu per riure:*** Ja hem dit que un bon somriure és magnètic així que cada cop que riguis estaràs atraient més somriures. Riu de qualsevol tonteria, ja veuràs que aviat hi haurà més coses que et faran gràcia de manera espontània.

→ ***Beneïda ficció:*** Posa't una sèrie o una pel·lícula divertida o, si et costa mantenir l'atenció gaire estona, busca vídeos tontos a la xarxa i deixa't portar sense reprimir cap somriure o riallada. Si et costa, fes l'exercici d'intentar no riure perquè de vegades només pel fet de no voler riure se'ns escapa encara que sigui un somriure amb més facilitat. D'altra banda, veure coses positives i alegres t'ajudarà a veure la vida d'un altre color. Recorda també el poder de la lectura quan es tracta d'evadir-se de la realitat i busca un còmic, una novel·la divertida o qualsevol llibre que a través de les seves pàgines et dugui a la sensació de benestar que t'aporta somriure.

→ ***L'amic pallasso:*** Sí, dic pallasso a consciència i no només perquè des de petita m'han fascinat els pallassos sinó perquè crec que s'ha d'eliminar la connotació negativa de la paraula. Queda amb els teus amics més divertits, els que saben explicar anècdotes d'aquella manera tan especial. Escolta'ls sense jutjar-te ni analitzar què et fan sentir i segur que no podràs evitar somriure. Envoltar-te de persones divertides i optimistes farà ressorgir també la teva part més alegre i positiva.

→ ***Fes memòria:*** Sempre que tinguis una estoneta lliure i t'adonis que fa massa que no rius, tanca els ulls durant uns minuts i recorda algun moment divertit. El sol fet de viatjar a instants alegres del teu passat et farà valorar les coses bones que has viscut i et dibuixarà un somriure als llavis.

Ara que ja saps com recuperar el somriure i el bé que et pot reportar, fes-te un regal: aixeca't, planta't davant del mirall i dedica't el somriure que tant et mereixes.

«Valor és el que es necessita per aixecar-se i parlar; valor és també el que es necessita per seure i escoltar». —Winston Churchill

5
PARLA

Començo aquest capítol amb una petita confessió: soc bastant reservada i em costa una mica obrir-me o parlar dels meus sentiments. Això implica que quan alguna cosa em preocupa la meva tendència és tancar-me als altres abans de fer-los-en partícips. Sé que no soc l'única i que probablement tampoc t'agrada gaire compartir certes vivències —especialment si no són alegries— però de la mateixa manera que reconec aquesta timidesa a l'hora d'expressar-me verbalment, crec que també és important dir-te que aquest és un aspecte en el qual he treballat molt els darrers anys i del qual he obtingut enormes recompenses. I el que he après és que encara que costi trencar els murs que construïm per protegir-nos, parlar amb la teva gent et fa sentir molt millor. De fet, mentre escric el llibre una part de mi sent un cert vertigen, però l'altra se sent estranyament alliberada i sé que a mesura que vagi omplint les pàgines en blanc la balança es decantarà cap a la part més positiva de l'experiència.

La majoria de persones, excepte les realment extravertides,

tenim una mena de ressort que s'activa automàticament davant d'un problema i que ens fa amagar-nos dins la nostra bombolla com si fóssim tortugues ocultant-nos a la closca. Allà ens sentim segurs, fora del perill de ser jutjats, criticats, o d'haver de posar en paraules sentiments que ens resulten massa dolorosos. Dins el grup dels introvertits però, hi ha els que passat un temps prudencial comencen a treure el cap per anar provant com se senten a l'exterior, i hi ha els que es decoren la bombolla i es resisteixen a sortir-ne perquè cada cop s'hi senten més còmodes. Aparentment.

Matiso aquest «aparentment» perquè l'hermetisme té una cosa molt perillosa: com més temps ens aïllem dels altres, no només ens costarà més sortir a l'exterior sinó que també ens acabarem autoconvencent que estem bé així, que estem més segurs sense expressar els nostres sentiments quan en realitat el que estem fent és crear grans barreres emocionals tant de cara a l'exterior com cap al nostre interior. Perquè no verbalitzar els problemes no els fa desaparèixer, més aviat al contrari.

Imagina't que estàs cuinant i que en un descuit et fas un tall al dit. Com que no es tracta de dramatitzar l'exemple direm que és un tall important però no tan profund per necessitar punts. El primer que faràs passat l'ensurt i la impressió inicial serà netejar la ferida, i després hi posaràs una tireta per evitar que sagni més i poder continuar així el que estaves fent. Passades unes hores, quan sentis que la ferida comença a cicatritzar, el més probable és que segueixis el savi consell que diu que el millor és que li toqui l'aire perquè es curi abans. I ho faràs perquè ho has comprovat, perquè saps que si deixes el dit tapat encara que vagis canviant la tireta la ferida trigarà molt més a curar-se. Si és que no s'infecta. Doncs bé, com molt bé suposes, el que intento dir-te és que amb els sentiments passa una cosa semblant. Pots intentar tapar-los perquè des de fora no es vegin i així no haver de compartir-los, però la ferida es mantindrà dins teu fins que no tinguis el valor d'arrencar la tireta i mostrar sense por què s'amaga a sota.

I és que al contrari del que passa amb l'amor, que, com deia Antoine de Saint-Exupéry —autor d'*El petit príncep*—, «és l'única cosa que creix quan es reparteix», els problemes disminueixen cada cop que en parlem amb algú.

Els interlocutors perfectes

Hi ha moltes maneres d'obrir-se, tampoc cal que et despullis del tot emocionalment si no és que necessites fer-ho. Del que es tracta és d'anar-te exposant gradualment a situacions socials i que et permetis dir en veu alta el que siguis capaç de compartir en cada moment.

És important tenir en compte que la comunicació és un fet bidireccional. Ho dic perquè encara que no ho fem conscientment, quan estem malament podem ser una mica egoistes i això fa que quan mantenim una conversa amb algú proper tendim a explicar-li les nostres penes sense pensar que a l'altra persona potser també li aniria bé que estiguéssim pendents de com se sent.

No hem d'oblidar mai que les relacions s'han de cuidar, així que encara que travessem un mal moment ens hem d'entregar i hem de mimar els vincles amb els altres, ens hem de saber alegrar dels seus èxits, compadir de les seves penes i sobretot hem d'aprendre a escoltar i a parlar des del cor. Estar disponibles, al cap i a la fi, i ser atents com ells ho son amb nosaltres.

Desconec quina és la teva xarxa de relacions, així que et suggereixo que estiguis obert a aquestes veus:

→ ***Les veus amigues:*** Les persones que es mantenen al teu costat en els bons moments i en els mals moments són aquelles amb qui has de comptar, en qui t'ha de recolzar. Un veritable amic és el que t'escolta sense jutjar-te però també et diu les coses clares; el que t'eixuga les llàgrimes quan ho necessites i et sap fer riure fins i tot dels drames; el que s'alegra dels teus èxits i t'anima davant dels fracassos. No perdis l'oportunitat de mantenir el contacte amb els amics, de compartir amb ells el que sents, i sobretot sigues també un bon amic i escolta el que t'hagin d'explicar.

Ja que parlem d'amistats, cal ser realistes i acceptar que el teu moment actual serà el filtre de les veritables amistats. No nego que farà mal veure com desapareixen algunes persones, però al final del dia sabràs que els qui romanen al teu costat són els amics de veritat. Potser hi ha qui s'ha allunyat perquè t'has mostrat inaccessible durant massa temps, però si l'amistat és de debò sempre estareu a temps de recuperar-la. També hi haurà qui desapareixerà sense donar explicacions, perquè és fàcil ser a prop d'algú a qui tot li somriu però no tothom està a l'alçada quan les coses es compliquen. Els retrets no valen la pena, aprofita per fer neteja i no t'aferris a qui no vulgui quedar-se encara que et sentis ferit. Deixar marxar és deixar entrar noves persones, nous aires, noves energies. No insisteixis ni forcis el que no flueix, tens massa coses per ocupar-te'n, de manera que enfoca les teves energies i paraules en les persones que t'han demostrat el seu amor i amistat incondicionals.

→ ***Les veus familiars:*** La família és un dels nostres grans pilars vitals. Sigui gran o petita, propera o distant, hi ha un vincle invisible que ens uneix i que pot ser un enorme suport en etapes difícils. Qui no ha corregut de petit buscant la seva mare després de caure a terra i no ha arrencat a plorar fins que l'ha tinguda al davant? Sentiments com aquest no canvien amb el pas dels anys, per tant, estigues a prop de la família en la mesura que et sigui possible i deixa que et cuidin. No compartir amb ells les teves preocupacions no els farà sentir millor, més aviat al contrari, perquè et coneixen tan bé que encara que us veieu ocasionalment sabran que guardes alguna cosa dins i es preocuparan més del que possiblement caldria preocupar-se. De nou sigues generós, i dona'ls un espai on compartir mútuament les vostres coses.

→ ***Les veus petites i grans:*** Potser et sorprèn que et digui això, però parlar amb nens o amb adolescents et pot aportar una perspectiva molt positiva i sanadora. Els més petits del teu entorn encara tenen la puresa ben arrelada i saben escoltar d'una manera molt diferent als adults. Sempre que en tinguis l'oportunitat, passa una estona amb els teus fills, nebots, fillols... i parla-hi amb sinceritat. No cal que els expliquis detalls sobre temes que potser encara no estan preparats per escoltar, però sí que els pots plantejar dubtes genèrics per veure com responen, i sobretot els pots demanar que t'expliquin coses i et parlin d'ells. Això no només t'ajudarà a desconnectar sinó que et recordarà que el món es pot veure amb uns ulls més clars i et farà recuperar la versió de tu més ingènua i relaxada. I, per descomptat, no oblidis la saviesa dels teus grans (avis, pares, tiets, amics), ni l'incalculable valor de la seva companyia.

→ ***Les veus expertes:*** Tenim molts prejudicis respecte de la figura dels psicòlegs i psiquiatres perquè les malalties mentals s'han estigmatitzat durant anys, però no cal tenir problemes greus per demanar cita amb un expert. Si quan ens trenquem un braç anem al traumatòleg, no entenc per què no hauríem d'anar al psicòleg quan sentim que emocionalment alguna cosa dins nostre no va bé. Parlar amb un especialista pot ser la millor solució en moments com aquests, perquè sabrà treure't sentiments que potser no t'havies adonat que reprimies i et donarà les eines necessàries per resoldre els conflictes interns que puguis tenir. No ho visquis com una derrota perquè no ho és: s'ha de ser molt valent per acceptar que es necessita ajuda i no passa res per reconèixer que la situació et desborda. Això sí, busca un professional amb qui realment connectis, i tingues paciència durant el procés perquè —seguint amb l'analogia traumatològica— hi ha moments que curar una lesió pot fer una mica de mal però el resultat segur que valdrà la pena.

→ ***Les veus desconegudes:*** La nostra ofuscació fa que al llarg del dia ens creuem amb un munt de persones a qui no prestem cap mena d'atenció. Oblidem per tant coses tan bàsiques de la vida en societat com son desitjar el bon dia a un veí, saludar quan pugem a l'autobús, o mantenir una conversa cordial amb algú mentre fem cua al supermercat. Intenta no aïllar-te de les veus desconegudes, de les moltes oportunitats que tens cada dia d'escoltar la teva pròpia veu i de conèixer-ne d'altres que no saps mai si et poden aportar alguna cosa nova en l'àmbit personal. Conèixer gent sempre suma, sempre és positiu, i encara que d'aquests petits diàlegs no en resulti una gran amistat, et serviran d'entrenament per sociabilitzar, per obrir-te, i et convertiran en una persona més generosa i atenta amb els altres.

Maneres d'estar en contacte amb la teva gent

Afortunadament vivim en plena era de la tecnologia i això ens facilita les coses quan del que es tracta és d'estar en contacte amb el nostre cercle íntim. Però no ens hem de conformar ni limitar a refugiar-nos darrere d'una pantalla si no és que aquesta és l'única manera de poder parlar amb algunes persones, perquè l'objectiu fonamental és fer l'esforç de sortir i reactivar la nostra vida social.

Potser et generarà certa ansietat obrir-te i exposar-te, especialment si no et sents en plena forma emocional, però com més ho intentis més fàcil et resultarà. En canvi, com més evitis el contacte amb els altres, més alts i difícils d'enderrocar seran els murs que t'aïllen. Hi ha moltes maneres d'estar a prop de la teva gent i ja sé que no estic descobrint res nou, però potser si ho veus per escrit t'adonaràs que quan has dit que no has trobat el moment per trucar o quedar amb algú en realitat només t'autojustificaves:

→ ***Cara a cara:*** No ens enganyem, per més opcions que tinguem per comunicar-nos virtualment no hi ha res comparable a una trobada cara a cara amb les persones del nostre entorn, especialment amb les que estimem. Tant si quedes per fer un cafè, com per anar al cinema o simplement per passar una estona acompanyat, el contacte directe t'ofereix l'oportunitat de mirar als ulls el teu interlocutor, de compartir una abraçada, una carícia o qualsevol interacció més o menys íntima que us recordi que no esteu sols i que compartiu un afecte mutu. Si creus que et pot ajudar a agafar confiança en les teves dots socials, comença amb trobades individuals i a poc a poc atreveix-te també amb reunions grupals. En qualsevol dels casos, però, deixa't fluir i permet-te també estar en silenci si el cos t'ho demana perquè la sort d'estar envoltat de coneguts és que hi ha prou confiança per no haver de forçar res. A mesura que et relaxis ja veuràs que sense adonar-te'n estaràs compartint més del que havies anticipat i que et ve molt de gust escoltar tot allò que et vulguin explicar.

→ ***Missatges i trucades:*** Les circumstàncies no sempre et permeten trobar-te amb els amics i la família però tens l'eina perfecta per no deixar que passin els dies sense comunicar-te amb ells: el telèfon. No utilitzis mai la mandra com a excusa per no atendre una trucada o agafar el telèfon per parlar amb algú, perquè encara que sigui una conversa curta evitarà que t'aïllis excessivament. Si fa temps que evites les trobades personals, amb més motiu has de fer un esforç telefònic extra perquè si no acabaràs reforçant les parets de la teva bombolla i això augmentarà el teu patiment i la preocupació de la teva gent. Alhora, aprofita el mòbil per enviar missatges de text i no deixis de respondre els que rebis; no és tan íntim com una conversa però té un enorme valor que busquis l'estona per dir-li a algú que hi penses o que li facis arribar alguna foto o vídeo que creguis que li pot agradar. Aquests petits detalls sovint són els més valorats pel teu cercle de confiança, que, sabent que no estàs passant un bon moment, apreciarà qualsevol gest per la teva banda. Relativitza el pes d'una trucada, aquell que ha fet que de vegades no responguis al telèfon, i sigues atent amb les persones que t'estimen perquè encara que només els truquis per desitjar-los un bon dia segur que quan pengis et sentiràs millor. I ells també.

→ ***Videotrucades:*** A mig camí entre les dues opcions anteriors trobem les videotrucades, que podem fer amb el mòbil, amb la tauleta o amb l'ordinador. Tot i que en molts sentits l'ús de la tecnologia sembla que se'ns està escapant de les mans, la invenció d'aquest sistema per poder veure la nostra gent encara que estigui a molts quilòmetres de distància és sens dubte un invent fantàstic. Si ja l'has utilitzat hauràs comprovat que amb una sola clicada pots parlar amb un amic com si estiguéssiu realment a la mateixa habitació, i això és una cosa de la qual actualment et pots beneficiar. Quan no et vingui de gust sortir —tot i que insisteixo que t'aniria molt bé— troba estones per connectar amb algú de confiança i compartir els vostres sentiments o vivències. Es tracta d'un contacte íntim, però si l'exposició t'estressa, el fet que hi hagi una pantalla entre vosaltres et transmetrà la sensació de seguretat que potser necessites. Intenta-ho, recorda que hem quedat que per sentir-te millor has de posar-hi alguna cosa per la teva banda, així que fes la videotrucada i parla amb sinceritat. Igualment, si no tens cap problema d'introversió o aïllament i vols parlar amb algú que no és a prop, les videotrucades seran les teves millors aliades.

→ ***Correus i cartes:*** La darrera opció que et proposo és potser la més romàntica, encara que per desgràcia l'estem deixant de banda. No fa pas tants anys, una manera de comunicar-nos amb la nostra gent era escriure'ls una carta, fins i tot una postal quan viatjàvem, però l'ànsia d'immediatesa mesclada amb la mandra a l'hora de cuidar certs detalls han fet que cada cop n'enviem menys. Em refereixo a les cartes manuscrites, aquelles que s'escriuen de manera pausada, pensant bé el que volem dir, cuidant la cal·ligrafia. Des d'aquí les reivindico i crec que poden ser una manera molt especial de mantenir-te en contacte amb el teu entorn ara que necessites aclarir les idees, perquè potser per escrit et serà més fàcil organitzar els pensaments. A més, a tots ens fa il·lusió trobar-nos un sobre a la bústia que no sigui una factura, així que els qui t'estimen valoraran molt que els facis arribar una carta, tingui la llargada que tingui i parli del que parli. Tampoc cal oblidar que una altra opció, potser menys càlida però igualment efectiva, és mantenir el contacte per correu electrònic. Busca qualsevol excusa per escriure un missatge a algú conegut, sigui per motius personals o professionals, i continua cuidant les teves relacions com t'agrada que ho facin els altres amb tu.

A mesura que vagis eliminant les barreres i les pors que t'han fet refugiar en aquest silenci solitari tindràs més recursos per utilitzar qualsevol de les opcions anteriors amb persones a qui potser no coneixes tant. Per això és important, si ara mateix no t'és especialment fàcil parlar del que sents o mostrar-te receptiu amb els altres, que comencis amb un entorn de confiança i que a partir d'aquí deixis entrar al teu univers altra gent a qui sense voler has negat l'accés.

Digues que sí

Si el que acabes de llegir t'ha generat una mica d'ansietat és perquè possiblement has anticipat com aniria cada un dels contactes que he descrit. Això és molt normal si ets una persona introvertida o has tancat comportes amb el món exterior, però la conseqüència directa és que per evitar situacions en què sentim que no tenim el control acabem posant excuses per no quedar amb ningú, i amb el temps fins i tot evitem despenjar el telèfon quan sona. Com més allarguis aquesta situació més important serà el vertigen, perquè desenvoluparàs la traïdora habilitat de mantenir mentalment les converses abans que es produeixin, utilitzant el pensament màgic que et fa creure que saps perfectament què et dirà el teu interlocutor. Atura aquesta tendència, no permetis que et domini, i comprovaràs que és impossible anticipar una trobada o una trucada i que generalment són millors del que t'havies imaginat, perquè això del pensament màgic sona molt oníric però irònicament ens sol fer imaginar la versió més negativa d'un futur diàleg.

Et proposo un exercici, o un joc (escull la paraula que et convidi més a fer-lo). Segurament fa temps que no ets gaire accessible i tens un munt d'excuses a la màniga per no haver-te d'enfrontar a situacions socials. Doncs bé, ha arribat el moment de canviar aquest hàbit gens saludable: a partir d'avui cada cop que algú et proposi de quedar digues que sí. Si et conviden a una festa, digues que sí; quan soni el telèfon, sigui qui sigui, respon; si penses en algú envia-li un missatge, un correu o una carta escrita a mà; si t'envien un missatge o un correu electrònic dedica una estona al remitent i fes-li arribar una resposta.

Del que es tracta és de fer un petit esforç per ajudar que la comunicació flueixi, de trencar l'hàbit de frenar qualsevol interacció amb la teva gent. No cal que t'estressis pensant que d'avui per demà has de trucar totes les persones de la teva agenda, simplement comença dient que sí a qualsevol proposta que t'arribi de l'altra banda del telèfon i ja veuràs que abans que te n'adonis seràs tu qui iniciarà el contacte.

Sé que ja fa temps que sents que no ets una bona companyia, que potser per això t'has distanciat una mica de la teva gent, però no deixis que passi ni un dia més sense fer-los saber com valores la seva presència a la teva vida, i no temis demanar ajuda si en necessites. Estic convençuda que hi ha algú a prop teu que serà feliç ajudant-te a tornar a parlar, així que et demano que diguis que sí a permetre't ser vulnerable, a sincerar-te i a acceptar el suport que t'ofereixin per anar-te obrint gradualment.

Tant en els millors moments com en els pitjors ets una excel·lent companyia per als qui t'estimen. Aprofita que has acabat el capítol per agafar el telèfon i trucar a la primera persona que et vingui al cap. No pensis, no et preocupis pel que diràs, mentre parlis des del cor la conversa anirà sobre rodes.

«El que lee mucho y anda mucho, ve mucho
y sabe mucho». — Miguel de Cervantes

6

LLEGEIX

Estem tan immersos en el nostre propi món i problemàtica que sovint oblidem un dels grans plaers solitaris: llegir. La lectura d'un bon llibre ens pot fer viatjar a altres mons, ensenyar nous coneixements, descobrir parts de nosaltres que ignoràvem i alhora ens distreu durant una bona estona, així que llegeix, llegeix tot el que passi per les teves mans i assaboreix cada una de les paraules com si estigués escrita específicament per a tu.

Molts adults associen l'hàbit de llegir amb una cosa feixuga perquè durant els estudis els en van fer perdre les ganes. En la majoria d'ocasions, excepte si tens la sort de topar amb un mestre que sàpiga transmetre la passió per la lectura, l'objectiu és acabar els llibres a temps per fer-ne un resum o un examen i això crea generacions de lectors insatisfets que segurament no tornen a agafar cap llibre en tota la seva vida. Però sempre s'és a temps de tornar-ho a provar i de recuperar aquella il·lusió que tenies de petit quan arribava l'hora del conte i no sabies què t'esperava quan passaves la pàgina.

Si ets un lector regular és possible que ja coneguis bé els

teus gustos i que sàpigues quins autors o temàtiques has de buscar quan et ve de gust començar un nou llibre. De totes maneres, intenta no limitar-te a un estil concret perquè et perdràs l'oportunitat de sorprendre't amb gèneres o escriptors que a priori no t'atrauen i que poden suposar-te tot un descobriment. També està bé tenir diversos llibres en marxa a la tauleta de nit, ja que això et permetrà combinar lectures en funció del teu estat anímic i t'ajudarà a evitar que t'encallis en un llibre.

Si, en canvi, ets dels que va acabar avorrint la lectura fa molts anys, aquest és el moment perfecte per donar-li una altra oportunitat. Comença per algun llibre del qual hagis sentit comentaris favorables entre la teva gent o busca'n un de relacionat amb algun tema que t'interessi especialment. Qualsevol llibre estarà bé si a tu et desperta prou curiositat per dedicar-hi unes hores, així que no pensis que has de seguir les tendències o els autors de moda i agafa el llibre que et vingui de gust, tracti del que tracti i tingui les pàgines que tingui. Els grans clàssics sempre són un bon recurs perquè per algun motiu el seu èxit és universal i atemporal, però si no són del teu gust ja aniràs ampliant el teu repertori a mesura que recuperis les ganes de llegir. El principal ara mateix és que escullis lectures que et resultin tan interessants que se't faci difícil abandonar-les a la meitat.

En ambdós casos, tant si t'agrada llegir com si et costa posar-t'hi, et suggereixo que quan dubtis a l'hora d'escollir et deixis assessorar per persones que coneguin bé la matèria. Tots tenim un amic o un familiar que llegeix molt i que ens pot aconsellar bé, però si no és així la majoria de llibreters i bibliotecaris et poden recomanar algun llibre en funció dels teus gustos. Una alternativa és visitar alguna de les moltes pàgines web i blogs dedicats a la lectura que hi ha i investigar fins que et decideixis. Es tracta, com en tot, de tenir la voluntat de fer el primer pas, que no és altre que buscar un bon llibre que et convidi a encadenar-lo amb un altre tot just l'acabis.

El tema econòmic no ha de ser mai cap excusa per no llegir més. Una manera d'estalviar diners és optar pel format digital d'un llibre, que és més econòmic que l'edició de paper, però si ets dels que prefereix el format clàssic sàpigues que cada cop hi ha més llibreries *low cost* on per menys de tres euros es troben autèntiques joies. Si ara no pots invertir diners en lectura, hi ha una munt de biblioteques públiques amb un extensíssim catàleg a la teva disposició, així que quan necessitis un llibre vés a veure si el tenen a la biblioteca més pròxima; si no, ells mateixos l'encarregaran a la biblioteca on estigui disponible i en un parell de setmanes el podràs recollir. També pots recórrer als llibres dels teus coneguts, que sempre que els els tornis en bon estat i en un temps raonable estaran encantats de deixar-te remenar les seves prestatgeries. Per cert, en el cas que siguis tu qui col·lecciona llibres i te'n demanin un, sigues generós i deixa'l. Que no et refies que te'l tornin perquè ja n'has extraviat uns quants els darrers anys i ni tan sols recordes qui els té? Doncs apunta't el títol i el nom de la persona a qui el deixes i al cap d'uns quants mesos no et tallis a l'hora de reclamar-lo. En el cas que no l'hagi acabat això l'animarà a posar-se les piles, i si ja se l'ha llegit però s'havia oblidat de tornar-te'l aquesta pot ser una bona excusa per veure-us, posar-vos al dia i aprofitar per comentar la lectura.

La concentració

Una altra qüestió per tenir en compte és que segurament els darrers temps la teva atenció no és la que era. Quan es tenen tantes coses al cap costa mantenir el fil d'una novel·la, així que comença per lectures que requereixin un grau de concentració menor. El teu estat actual pot ser una bona excusa per descobrir el món dels còmics o el manga, per posar-te al dia dels articles d'opinió d'algun periodista que admiris o per comprar regularment una revista sobre alguna temàtica que t'interessi.

No hi ha lectures petites o grans, tan sols lectures, i no saps mai on trobaràs la inspiració que busques o fins i tot noves aficions. A més, la concentració és com la memòria: com més l'exercites millor funciona. Ja veuràs que tan bon punt recuperis l'hàbit de llegir et serà més fàcil desconnectar durant una estona i enfocar els teus pensaments en allò que estàs llegint. Pensa també que llegir es pot convertir en el remei perfecte per oblidar durant una estona tot allò que no funciona com voldries.

Els llibres d'autoajuda

És innegable que hi ha llibres per a tots els gustos, però en aquest apartat em vull centrar específicament en els d'autoajuda. Per més detractors que tingui el gènere —no crec que sigui el teu cas si m'estàs llegint— , si té tants adeptes és perquè a les seves pàgines molts hi han trobat claus que els han canviat la vida d'alguna manera. De fet, només es pot saber si un llibre t'agrada llegint-lo i valorant-lo pel que t'aporta a tu independentment del que diguin altres lectors o crítics. La lectura és una experiència personal i intransferible; per tant, deixa't assessorar però sigues tu qui marqui l'estil de la teva biblioteca particular.

No tots els llibres d'autoajuda que han passat per les meves mans els darrers anys m'han fet servei o m'han agradat, però voldria compartir amb tu algunes lectures i autors que han estat importants pel que m'han ensenyat sobre mi i el meu entorn. Tant de bo llegir-los t'ajudi a descobrir noves eines que et serveixin per anar avançant en el teu viatge:

→ ***Vostè pot sanar la seva vida*, de Louise L. Hay:** Aquest és el llibre estrella de l'autora, que va ser una de les gurús del gènere de l'autoajuda i un gran referent en matèria de creixement personal. És una de les primeres lectures que es recomanen a persones que no estan vivint un moment òptim, i crec que una de les claus de l'èxit de Hay és la franquesa amb què parla de la seva pròpia experiència i com sap crear un vincle especial amb el lector, que se sent partícip del que comparteix als seus llibres. A *Vostè pot sanar la seva vida* queda molt clara la filosofia de Hay: és imprescindible canviar el nostre discurs intern per curar les ferides emocionals i evitar que es converteixin en problemes de salut. És un bon llibre per començar a transformar la manera d'enfocar els teus problemes i per aprendre a parlar-te amb més afecte. Si t'interessa explorar la seva filosofia de vida amb més profunditat, a la xarxa hi pots trobar conferències o un extens repertori de les seves famoses afirmacions positives.

→ ***Los cuatro acuerdos: un libro de sabiduría tolteca*, de Miguel Ruiz:** Es tracta del llibre ideal per descobrir la tradició tolteca i per aprendre a relativitzar tot allò que et preocupa. Segons els tolteques, un poble nòmada del Mèxic antic, hi ha quatre acords que hem d'adoptar per viure en harmonia i feliços: sigues impecable amb les teves paraules, no et prenguis res personalment, no facis suposicions i fes sempre el màxim que puguis. La seva lectura no et deixa indiferent perquè et fa adonar de la importància de desaprendre alguns hàbits adquirits. A més, si et compromets amb aquests quatre acords i els poses en pràctica pots trobar la calma interior que tant anheles.

→ ***El círculo*, de Laura Day:** Jo no havia llegit cap llibre d'autoajuda fins que em van regalar *El círculo*, i la veritat és que em va obrir els ulls a un món que desconeixia. Aquest és un bon llibre d'iniciació sobre la matèria ja que, amb un estil molt planer, incideix especialment en la importància de crear pensaments positius i de visualitzar el que volem aconseguir a la vida. Es titula així perquè l'autora proposa escriure un desig o un objectiu concret dins un cercle i dona les pautes per fer-lo realitat amb l'ajuda del poder de l'atracció. Veuràs que aquesta és una referència recurrent de molts dels autors, i és que tots ells han comprovat gràcies a anys d'experiència que l'Univers confabula al teu favor si tens una actitud receptiva, positiva i si projectes el millor de tu en tots els sentits. No és un llibre apte per a escèptics —de fet, segurament no ho és cap llibre d'autoajuda—, però només que es tingui una petita espurna de fe, quan veus que les coses comencen a canviar és molt difícil mantenir-se indiferent.

→ ***El secret*, de Rhonda Byrne:** Torno a parlar d'un *best-seller* perquè aquest és un llibre clau per entendre la famosa llei de l'atracció, segons la qual reps el que projectes i per tant tot allò positiu que envies se't retorna augmentat. Hi ha qui renega dels llibres que tenen tant èxit perquè els considera excessivament comercials, però una cosa no està renyida amb l'altra i el més important és el benefici que a tu et puguin suposar certes lectures. En aquest cas, *El secret* (del que també hi ha un documental) et pot ajudar a veure que recollim el que sembrem en l'aspecte energètic, i que en el moment en què canviïs el teu discurs intern per un de positiu i et repeteixis afirmacions convidant a fer que t'arribin coses bones, tot millorarà. L'autora inclou també el testimoni d'experts en la matèria que avalen les seves teories.

→ ***Les teves zones errònies*, de Wayne Dyer:** Un altre clàssic del qual possiblement has sentit a parlar, perquè es tracta del llibre d'autoajuda més llegit del món. A les seves pàgines l'autor ofereix les claus per conèixer les «zones errònies» de la teva personalitat i et guia perquè puguis superar-les i trobar la felicitat. Dyer era un expert a l'hora d'explicar com fugir dels pensaments negatius que no ens deixen avançar. Si en tens l'oportunitat, busca també les seves conferències a la xarxa (n'hi ha de subtitulades) perquè transmeten una bona injecció d'energia positiva i de força de voluntat per canviar l'estat d'ànim de cara a veure el món des d'una altra perspectiva.

→ ***El poder de l'ara*, Eckhart Tolle:** Es tracta d'un llibre clau per conèixer el treball de Tolle, especialista a parlar de la importància de viure en el moment present perquè les nostres preocupacions no ens ofeguin. Segons l'autor i filòsof, considerat un dels líders espirituals més rellevants dels darrers temps, si ens sentim còmodes amb el moment present ens sentirem com a casa. Igual que et pot passar amb la majoria dels llibres de què et parlo, temps després de la primera lectura és possible que necessitis revisar-lo. Estem en constant evolució, així que la relectura ens pot fer descobrir coses que no havíem entès bé la primera vegada o que no havíem assimilat del tot perquè per fer-ho necessitàvem pair certes informacions o viure noves experiències.

→ ***La mort, una aurora*, d'Elisabeth Kübler-Ross:** Si estàs superant la pèrdua d'un ésser estimat, aquest llibre et pot ajudar a alleugerir el dolor. Kübler-Ross va ser una psiquiatra experta en el tema de la mort i tot el que l'envolta, com el procés de dol. Va publicar molts llibres relacionats amb aquesta delicada temàtica però aquest pot ser un bon començament. Gràcies a la seva tasca respecte de les cures pal·liatives o als seus estudis sobre experiències al caire de la mort, se la considera una de les grans ments del segle XX, de manera que aprofita la seva saviesa, sensibilitat i els testimonis que comparteix per fer front als dolorosos sentiments que estàs vivint i aportar-hi una mica de llum.

→ ***Reinventar-se*, de Mario Alonso Puig:** Com molt bé diu el títol, aquest llibre ofereix les claus per conèixer-nos millor i per donar-nos una nova oportunitat per ser qui realment som, fent les coses a consciència i en consonància amb el nostre autèntic jo. És una bona lectura per entendre que tens a les teves mans la possibilitat de canviar, de reinventar-te, i d'aprofitar la teva crisi personal per viure la millor versió de tu i de la teva vida.

Podria continuar, parlar-te d'un llarg etcètera de llibres i autors amb moltíssima experiència en el gènere, però és bo que a poc a poc vagis fent la teva pròpia selecció i et quedis amb aquells llibres que pel motiu que sigui connectin amb tu de tal manera que sàpigues que t'han modificat interiorment per sempre.

Els clubs de lectura

Tot i que la lectura és un acte generalment solitari, des de fa uns anys s'han posat de moda els clubs de lectura. Es tracta de trobades en les quals un grup de persones comenten les seves reflexions al voltant d'un llibre escollit pel coordinador del club. Hi ha clubs de lectura a gairebé tots els pobles i ciutats, fins i tot de vegades més d'un i amb diferents temàtiques; per tant, si creus que et pot anar bé compartir la teva opinió sobre un llibre o t'atrau la idea que algú altre esculli els llibres per tu i després te'ls analitzi, apunta't a un club de lectura. A més, serà una bona manera de llegir regularment i t'obligarà, com a mínim un cop al mes, a sortir de la teva bombolla particular i conèixer gent nova amb la qual potser a la llarga podries iniciar una amistat.

En el cas que decideixis unir-te a un club de lectura, procura participar-hi activament. Això no vol dir necessàriament que hagis de fer una tesi sobre el llibre que us encarreguin llegir, simplement es tracta de fer algun comentari sobre les teves impressions sense censurar-te pensant si són o no les correctes. Aquests clubs són una manera d'intercanvi de l'experiència lectora i per tant no hi ha uns comentaris més vàlids que altres. Dels temes més informatius se'n ocuparà el coordinador del club, que segurament s'haurà preparat una breu exposició sobre el context històric i social en què es va escriure l'obra, sobre l'autor i fins i tot potser compartirà anècdotes d'alguns passatges. Com a membre del club, el que s'espera de tu és que si et ve de gust comentis alguna cosa que hagis observat durant la lectura o que plantegis possibles dubtes; però mentre no t'animis a fer-ho també estarà bé que simplement assumeixis el rol d'oient.

Què passa si a prop teu no hi ha cap club de lectura o si els que coneixes no tenen places o no et fan el pes pel tipus de llibres que trien? Doncs que pots crear el teu propi club. Com he dit en altres ocasions, és importantíssim tenir iniciativa, marcar-se objectius i provar coses noves, i en aquest sentit formar un club de lectura és l'excusa perfecta. Tant si controles algun gènere com si no, només has de pensar un tema i una llista de llibres, anunciar-ho a les xarxes socials, entre el teu cercle d'amics o posant cartells a llocs estratègics i trobar un lloc on fer les reunions mensuals. No cal que et doni més pistes perquè estic convençuda que saps perfectament com organitzar-ho, i si el que et fa dubtar és pensar que no tens prou formació per parlar de llibres converteix aquesta inseguretat en un repte personal i busca tota la informació necessària per planificar les trobades i la llista de lectures. Deixa't ajudar i assessorar i veuràs què bé que et sentiràs veient un grup de persones —conegudes o no— gaudint del que has creat.

Valoro moltíssim que estiguis llegint aquestes pàgines perquè és tota una declaració d'intencions per la teva banda. Aprofita aquesta sensació per començar una llista de les properes lectures.

LLIBRES (revistes i d'altres) QUE EM VE DE GUST LLEGIR

«Quiero llorar porque me da la gana».
— Federico García Lorca

7

PLORA

Tant de bo la vida fos un camí de roses constant que poguéssim regar únicament amb llàgrimes de felicitat. Però, acceptem-ho, per desgràcia de vegades arriben ombres en forma de disgustos, decepcions o preocupacions que ens provoquen un altre tipus de plor. Quan això passa, el millor que podem fer és permetre que brollin lliurement per deixar anar tot allò que, si no, acumulem al nostre interior i ens pot acabar fent encara més mal.

Assumim sense posar-ho en dubte que és molt bo riure o somriure, però en canvi tendim a pensar que plorar és dolent. El que són dolentes són les circumstàncies que ens provoquen les llàgrimes, però el fet de plorar no és més que un símptoma de tenir les emocions a flor de pell i en bona forma. Som nosaltres els que fem l'associació errònia en considerar el plor sinònim de tristesa quan és el resultat d'aquest sentiment, i per més que evitem plorar continuarem estant afligits, de manera que com a mínim donem-nos el gust de descarregar tota la pena acumulada.

S'ha de reivindicar més deixar enrere el pudor de plorar

obertament, a llàgrima viva si cal, i de no tenir cap vergonya si ens veuen. Hem après equivocadament que plorar ens fa semblar dèbils, massa sensibles, inestables o qualsevol altre adjectiu amb connotacions pejoratives, però no hi ha res dolent en ser sensible —més aviat tot el contrari— i és normal tenir moments de feblesa o reconèixer que com a éssers vius que som no sempre estem pletòrics. Plora sense por i si algú et jutja per ferho no permetis que et condicioni ja que la maduresa emocional implica, entre d'altres coses, ser capaç de mostrar els nostres sentiments sense estar pendents de què diran.

Plorar és saníssim però en algun moment entre la nostra infantesa i la vida adulta vam començar a reprimir l'instint d'expressar obertament que estem tristos o que alguna cosa ens emociona. Amb les llàgrimes passa una mica el mateix que amb les rialles, i és que si de petits ho fèiem sense cap mena de prejudici, a mida que passen els anys anem refrenant aquests impulsos tan purs i sense adonar-nos-en construïm una cuirassa que ens permet aparentar que tot està bé. Els nadons ploren tan bon punt comencen a respirar i tenen un ampli ventall de plors per expressar que tenen gana, son o que alguna cosa els fa mal, i si intentem consolar-los és perquè ens preocupa el seu benestar però mai perquè considerem que plorar no està socialment acceptat. Aquesta és una conclusió a la qual arribem amb l'edat, però si ho pensem fredament, quin mal hi ha a plorar? Potser simplement ens vam prendre massa al peu de la lletra allò de «no ploris» que ens repetien els adults per tranquillitzar-nos, però ara que entenem la seva intenció és el moment de recuperar la caixa de *kleenex*.

No t'has posat mai una d'aquelles pel·lícules o cançons lacrimògenes expressament? Segurament quan ho has fet és perquè alguna cosa dins teu necessitava alleugerir tensions i el subconscient, que és savi, t'ha fet buscar un element extern capaç de provocar les llàgrimes. Recordes que bé t'has quedat quan t'has permès plorar sense fre? Doncs això és perquè durant una estona has estat en plena sincronia amb els teus sentiments, i si resulta tan plaent és perquè tendim a acumular massa.

El perill de bloquejar les emocions

De vegades estem tan bloquejats que ni tan sols sabem com ens sentim. De sobte és com si les nostres emocions i pensaments estiguessin desconnectats i encara que visquem una situació molt dolorosa som incapaços de deixar anar ni una llàgrima que alleugi el nostre patiment.

Aquest bloqueig és un mecanisme de protecció que creem per sobreviure a situacions que ens afecten excessivament en l'aspecte emocional, és la nostra manera de blindar-nos davant el dolor. Gràcies a això esmorteïm una mica l'impacte inicial, i és totalment lícit i part d'un acte reflex que també ens permet agafar-nos un temps per processar el que ens ha passat fins que ens sentim amb forces per tirar endavant. En aquest sentit un primer bloqueig a manera d'escut pot ser favorable, però el problema és quan ens quedem en aquest estat d'autoprotecció i acabem retenint el sentiment del qual precisament volíem protegir-nos. És a dir, que si esmorteïm el cop sense deixar-lo sortir quan ja l'hem assimilat, es va fent una bola al nostre interior que es pot convertir en un bloqueig permanent i en l'origen de molts malestars físics i emocionals.

És fonamental aprendre a gestionar els cops emocionals perquè no quedin atrapats enmig d'un bloqueig que condicionarà el nostre caràcter, la manera de relacionar-nos o com fem front a la vida. Perquè aquesta repressió de les emocions la podem aguantar fins a un límit, i per això hem d'evitar arribar al màxim de les nostres capacitats abans que no tingui conseqüències molt negatives per al nostre benestar.

Tot el que et proposo al llibre també té l'objectiu d'evitar que arribis a un punt del qual sigui difícil retornar, i no es tracta de posar la por al cos però és imprescindible que hi posis alguna cosa per la teva banda perquè viure el dolor o el patiment sense fer-hi res i deixar que la pressió es vagi acumulant suposarà una major durada i profunditat de les ferides.

Un mateix sap quan està bloquejat perquè nota que els pensaments van per una banda i les emocions per l'altra. És com si no es comuniquessin fluidament, i això ens genera impotència i frustració perquè ens fa sentir insensibles. Però no és així, simplement hem deixat tancades les comportes emocionals perquè ens pensàvem que així ens protegíem del dolor —per això ni tan sols podem plorar—, però un cop en som conscients ens hem d'esforçar per recuperar la connexió que ens permetrà viure més lleugers en tots els sentits.

Si no te'n surts demana ajuda externa, fes algun tipus de teràpia psicològica o alternativa que treballi específicament els bloquejos, i si per algun motiu et resisteixes a la idea de trobar-hi solució, encara que ho digui de pressa perquè hem quedat que no es tracta d'espantar-te, aquesta és una llista de les conseqüències dels bloquejos emocionals: problemes de salut (dolors, debilitat del sistema immunològic, desordres digestius...) , baixa autoestima, dificultat per relacionar-nos, insomni, ansietat, caiguda en addiccions per compensar o mantenir amagats els sentiments... No cal que continuï, oi?

Incideixo específicament en el fet de plorar perquè és un bon exemple de tenir unes emocions sanes i una sincronia mental-emocional capaç de permetre'ns ser qui realment som. Allò de «ni sufro ni padezco» és el pitjor que podem fer perquè tot i que ens intentem convèncer que estem força bé i que no ens passa res pel fet de no plorar, riure, o no mostrar cap tipus d'emoció, en realitat sí que passa, i molt.

Beneficis de plorar

Riure és a l'alegria com el plor a la tristor, així que cal que recuperem la manera de fer que les llàgrimes ens surtin instintivament. El que busquem és l'efecte catàrtic del plor, que vagi d'acord amb els pensaments i les emocions sense que això suposi passar-se el dia plorant per tot, perquè aleshores voldrà dir que hi ha algun desajust entre ment i cor.

Els ulls s'irriten, s'altera la respiració fins al punt que de vegades sembla que ens quedem sense aire, la cara queda feta un poema i en ocasions no sabem com parar, però plorar és més que aquesta descripció superficial. Hi ha un munt de raons per les quals és boníssim plorar, així que com que es tracta de veure la part bona de tot plegat, pren-ne nota:

En l'aspecte físic i emocional plorar és beneficiós perquè...

→ alliberem —entre d'altres— adrenalina, oxitocina i opiacis endògens. Aquests últims ens proporcionen una sensació de calma que fa que el cos es relaxi i que fins i tot ens vingui la son
→ descarreguem emocions negatives com la ràbia, la ira o l'angoixa
→ ens permet aprendre dels nostres errors i assumir-los
→ fa visibles els nostres sentiments i pot generar empatia en els altres
→ es considera una manera de demanar ajuda, així que si plores no te'n amaguis i accepta les atencions que rebis
→ afluixa tensions
→ és una bona manera de conèixer-nos millor perquè ens ajuda a veure clars alguns sentiments
→ elimina toxines del nostre organisme
→ neteja el canal visual i evita la sequedat ocular
→ redueix l'estrès
→ les llàgrimes ens protegeixen de certs gèrmens
→ millora el nostre estat d'ànim ja que elimina grans quantitats de manganès, que en nivells elevats és responsable d'estats de cansament, depressió, ansietat o irritabilitat
→ estimula els vincles afectius
→ ajuda a expressar vulnerabilitat
→ estimula la sensació de benestar, aixeca l'ànim i ens ajuda a bregar amb situacions doloroses
→ ens manté en calma en situacions conflictives en normalitzar el ritme respiratori i cardíac

Si ho penses fredament, ja que ara mateix tens alguns motius per plorar, com a mínim fa sentir bé pensar que pot ser tan bo com riure, no?

Un darrer consell: compte amb els mocadors banyats de mentol, van molt bé quan estàs congestionat o refredat però si se't acut utilitzar-los per eixugar-te les llàgrimes veuràs les estrelles.

Plora, deixa marxar la tristor, ja sé que ara costa assumir certes coses, però un dia no gaire llunyà aquestes llàgrimes les recordaràs amb un somriure.

«La felicitat per mi consisteix a gaudir de bona salut, dormir sense por i despertar-me sense angoixa».
— Françoise Sagan

8

DORM

Que res et faci perdre la son. Sigui el que sigui allò que et preocupa no permetis que interfereixi en el teu descans perquè per sentir-te bé és primordial dormir un mínim d'hores al dia, si és possible de qualitat. No compta per tant l'estona que passes al llit fent voltes sinó el temps que aconsegueixes desconnectar del món real per entrar en el dels somnis.

Tot sembla indicar que hauríem de marcar-nos el repte de descansar entre sis i vuit hores diàries per gaudir d'un estat físic i mental saludables però, per més que ens ho proposem, no sempre podem acomplir aquesta fita. Emulant els vampirs, sembla que qualsevol emoció intensa que haguem experimentat al llarg del dia revifa tan bon punt es pon el sol. Això fa que tant si hem celebrat bones notícies com si ens ofeguen els problemes, en apagar els llums i estirar-nos al llit el cap comenci a reviure un per un tots els detalls del que hem dit, pensat o sentit. Aleshores s'inicia una batalla entre el cansament i el cap, i encara que ens hi intentem resistir —o precisament per això— normalment és el cap qui en surt vencedor.

Ho reconec: m'encanta dormir. M'encanta la sensació de mig despertar-me de matinada sabent que encara em queden unes hores de descans, perdre'm en un bon somni o programar el despertador amb bastant temps d'antelació per poder mandrejar una bona estona al matí. Precisament per això noto molt la manca de son, perquè no només m'afecta anímicament i em deixa sense energies sinó que em roba una de les coses que em donen més plaer. Afortunadament tinc la sort de no patir d'insomni, però les nits en vetlla que he viscut buscant respostes o solucions a problemes que era impossible de resoldre en posició horitzontal m'han portat a explorar què cal fer quan no pots dormir per més que ho desitgis o que ho necessitis.

Els efectes de la privació continuada del son resulten tan nocius per a la salut que s'han utilitzat (i per desgràcia es continuen utilitzant) com a mètode de tortura. No és qüestió de pensar en aquests extrems, però si passes llargues temporades sense dormir sigui perquè encadenes nits de festa, sigui perquè no pots aturar els pensaments, sigui perquè treballes massa o per qualsevol altre motiu, independentment de si les raons són positives o negatives el fet de no descansar correctament segur que t'està passant factura i cal que en prenguis consciència per posar-hi remei.

Dormir per ser feliç

Són felices les marmotes? Aquesta és una pregunta de difícil resposta, però si tenim en compte que dormen fins a set mesos seguits durant els períodes d'hibernació i la llarga llista d'arguments pels quals segons els experts dormir és d'allò més profitós la resposta lògica seria un sí rotund. Per tant, intentem emular aquests rosegadors amb qui ens comparen als que ens agrada dormir i potser ens apropem una mica més a la felicitat.

De totes maneres s'ha de vigilar, perquè encara que els símils animals tenen la seva part entranyable, adoptar els hàbits de les marmotes o els coales (que dormen vint-i-dues hores diàries!) pot tenir els seus perills. Està molt bé que en circumstàncies excepcionals passem un dia sencer al llit recuperant forces, però no et recomano convertir-ho en un costum, ja que a la llarga et farà sentir que malgastes el temps i t'acabarà deprimint. I és que fins i tot les coses bones s'han de fer en la justa mesura; per tant, evita quedar-te curt o passar-te i tan bon punt et sentis descansat posa't en marxa.

És innegable que dormir és un plaer, i potser la clau és que encara que en ficar-nos al llit no hi pensem, amb el descans estem fent un enorme favor a la nostra salut. En aquest cas vull destacar set raons per les quals dormir bé et pot millorar la vida:

1. Redueix el risc de depressió: mentre dormim generem melanina i serotonina, dues hormones que ens ajuden a relaxar-nos i que contraresten els efectes de les hormones responsables de l'estrès.

2. Reforça el nostre sistema immunològic: el bon descans permet que el nostre sistema immunològic tingui més resistència davant de possibles infeccions o malalties.

3. Manté el nostre cor sa: les persones amb insomni són més propenses a patir una insuficiència cardíaca. D'altra banda, hi ha estudis que avalen que dormir bé allarga la vida.

4. Millora la nostra memòria: durant la fase REM, l'hipocamp (la zona del cervell on emmagatzemem la memòria) es recupera i facilita l'assimilació de records i coneixements. És per això, per exemple, que en època d'exàmens es treuen més bones notes quan es dorm bé.

5. Ajuda a aprimar-se: mentre dormim el cos genera l'hormona supressora de l'apetit i fa que ens despertem amb menys sensació de gana. També es cremen més calories quan es dormen les hores necessàries.

6. Ens fa més creatius i efectius: si deixes descansar el cervell, la memòria i la imaginació poden funcionar a ple rendiment i afavorir la creativitat. La prova que dormir augmenta la nostra efectivitat és que després d'una migdiada treballem més bé i som més resolutius.

7. (i potser la més important) **Ens apropa a la felicitat:** quan dormim bé ens despertem optimistes i positius, i això facilita tenir un estat anímic més alegre i feliç.

N'he escollit set perquè diuen que és el número de la sort i no és sobrer incloure una mica de bons auguris a tot el que fem, però com a curiositat n'afegiré una última: dormir bé ens fa resultar més atractius als altres. Segurament no és el que et preocupa més quan t'estires al llit, però és evident que la nostra aparença física millora si descansem i tenim un aspecte saludable. No et quedis només amb la part més frívola de la qüestió —que d'altra banda està molt bé perquè a tots ens agrada sentir-nos atractius— i pensa que això pot jugar a favor teu quan l'endemà tinguis una cita important, perquè en mirar-te al mirall et sentiràs més bé físicament i t'augmentarà una mica l'autoestima.

Al cap i a la fi, si t'hi fixes, tot està relacionat. D'aquesta manera, tan bon punt comencis a cuidar el descans, a fer exercici, a respirar bé o a ocupar la ment amb pensaments positius notaràs que gradualment tot es va posant al seu lloc i això t'animarà a continuar per aquest camí.

Trucs per adormir-te

Quan sabem que alguna cosa ens convé però no la podem fer amb èxit el resultat és un sentiment d'impotència que ens pot arribar a desesperar. Això és el que passa quan intentem dormir però no ho aconseguim ni tan sols comptant ovelles. Perquè, no ens enganyem, a ningú li ve de gust estar estirat amb els ulls tancats veient animals peluts saltant tanques.

Si hi ha dues coses que no podem arrossegar a l'habitació quan pretenem dormir bé són la pesadesa estomacal i la mental. En aquest sentit, evita sopar copiosament i si t'excedeixes que sigui amb prou temps per fer la digestió abans de ficar-te al llit. Pel que fa al cap, considero que és imprescindible tenir la consciència tranquil·la per poder dormir bé. Crec que al llarg del dia hem d'actuar sempre amb les millors intencions possibles, procurant fer el bé i resolent qualsevol conflicte pendent que depengui de nosaltres. Això no ens garantirà que dormim però com a mínim sabrem que l'insomni no és conseqüència de res que haguem fet malament de manera conscient o premeditada.

Al llit s'hi poden fer moltes coses que ens ajuden a dormir, així que si ets dels que tenen dificultats a l'hora d'agafar el son potser ho pots intentar amb alguna d'aquestes tècniques:

→ ***Practicar sexe:*** La poso la primera perquè és la més plaent i gratificant de totes. El que facis entre els llençols dependrà dels teus gustos, de la companyia —o la falta de companyia— i de la quantitat d'energia amb què arribis a la nit, però et garanteixo que un bon orgasme t'ajudarà a dormir i a despertar-te amb un somriure als llavis.

→ ***Llegir o estudiar:*** Qui més qui menys té un llibre o revista a la tauleta de nit esperant-lo, així que quan no puguis dormir reprèn la lectura fins que et pesin les parpelles. Pots fer el mateix si estàs estudiant, i veuràs que la concentració que hi dediquis facilitarà que t'adormis i que durant la nit assimilis millor els coneixements.

→ ***Veure pel·lícules i sèries:*** Ja sé que no se sol recomanar tenir aparells electrònics al llit o al dormitori, però, no és millor estar entretingut veient una bona pel·lícula que donar voltes als problemes? Això sí, intenta escollir arguments que no siguin gaire complexos per no desvetllar-te i deixa els drames per a les hores de llum.

→ ***Escoltar la ràdio o música relaxant:*** Són molts els seguidors dels programes nocturns de ràdio en què els locutors de veus vellutades són capaços de relaxar-nos parlant-nos a cau d'orella. Sintonitza una bona emissora o posa't un disc o *playlist* de música tranquil·la i deixa't portar fins a desconnectar del tot.

→ ***Visualitzar:*** Quan estiguis al llit i no puguis dormir, pensa com t'agradaria que fos el teu somni. Visualitza'l com si programessis les imatges que veuràs quan t'adormis, i crea històries en què es faci realitat tot allò que vols que et passi. No hi ha somnis massa grans, de manera que deixa volar la teva imaginació, i ja que el teu cap està despert com a mínim ocupa'l amb fantasies felices.

→ ***La melatonina:*** Les persones que treballen durant la nit i tenen els hàbits del son alterats de vegades recorren a un remei natural per poder dormir de dia. Es tracta de la melatonina, una hormona que facilita el son i que es pot prendre en forma de càpsula quan no la generem al ritme adient. També va molt bé en cas de *jet lag*. Si creus que et pot ajudar, abans de prendre'n consulta-ho amb el teu metge per si tingués algun efecte secundari contraindicat per la teva salut.

→ ***Les clíniques del son:*** En el cas que el problema d'insomni sigui una constant, planteja't seriosament posar-te en mans d'un expert. Si vols evitar que et receptin algun somnífer artificial que a la llarga deixarà de fer-te efecte, pots optar per alguna teràpia natural (meditació, reiki...) o anar a una clínica específica del son. Allà et faran un diagnòstic i t'oferiran possibles solucions.

Prova aquelles opcions que t'agradin més i queda't amb les que vegis que et funcionen més bé. L'objectiu és aconseguir que dormis un mínim d'hores seguides per poder afrontar l'endemà amb plenitud de facultats i de bon humor.

Demà serà un altre dia

De vegades dormir pot ser una manera de reinicialitzar un mal dia, de reconèixer conscientment que la cosa no ha anat com esperàvem i que no ens sentim amb forces d'enfrontar-nos a la realitat.

Perquè no hem de fingir que només pel fet de posar-hi alguna cosa per part nostra la vida serà sempre de color de rosa. Hi ha dies bons i dies que no ho són tant, i en aquest últim cas, quan tot es va torçant a mesura que passen les hores i en arribar la nit tenim una sensació amarga, no passa res per assumir-ho i retirar-nos a dormir una mica abans del previst.

Ara bé, el matís és l'actitud amb què ens fiquem al llit. No deixis que un mal dia es converteixi en una mala temporada, així que quan t'estiris fes-ho pensant que l'endemà segur que serà millor en tots els sentits. Aquesta esperança és la que et permetrà llevar-te unes quantes hores després amb les energies renovades i disposat a tornar-ho a intentar. Recorda per tant, com diu la celebrada cançó de Jaume Sisa, que «qualsevol nit pot sortir el sol».

Una bona migdiada és molt efectiva per recarregar les piles i aclarir les idees. Per no excedir-te amb la durada (l'òptima recomanada és de vint-trenta minuts) programa l'alarma o agafa amb la mà algun objecte petit que faci soroll en caure a terra quan entris en la fase profunda del son. Bona nit, o bona migdiada!

«La mesura de l'amor és estimar sense mesura».
— Sant Agustí

9

ESTIMA('T)

S'ha teoritzat i escrit molt sobre l'amor, però el cert és que segurament és el sentiment més gratificant, màgic i plaent —entre la infinitat d'adjectius que podria utilitzar— que existeix. Ja hem parlat de l'amistat, de la família i de l'autoestima, així que en aquest cas em refereixo concretament a l'amor romàntic.

Les crisis són molt solitàries, però poder compartir els teus sentiments amb una persona especial pot ser clau per recuperar-te. Si alguna vegada t'has enamorat ja deus saber que una de les coses que fa sentir més bé és estimar i sentir-se estimat, de manera que no perdis l'oportunitat de cuidar aquest aspecte de la teva vida.

Recordes la meravellosa sensació de notar papallones a l'estómac en començar la teva darrera relació? Si és així, segur que deus saber que encara que en aquell moment no tot rutllés com tu volies, tenies una energia diferent, capaç de fer-te relativitzar qualsevol problema al qual t'estiguessis enfrontant. D'això n'és responsable l'enamorament, una força capaç d'omplir-nos de bones vibracions, de fer-nos il·lusionar pel futur, d'animar-nos a cuidar-nos, de convèncer-nos que tot és possible. Si hi penses, no creus que val la pena donar una oportunitat a l'amor?

La teva vida sentimental actual

Només tu saps en quin moment et trobes en l'aspecte sentimental, però independentment de quines siguin les teves circumstàncies sempre es pot millorar. Com està el teu cor actualment?

→ ***Tens parella i les coses van bé:*** Enhorabona. Tot i que altres temes et preocupin, m'alegra saber que en aquest sentit tot funciona bé. M'imagino que ets conscient que no és fàcil conèixer algú capaç de fer-te bategar el cor de pressa, i és precisament per això que és molt important que mimeu la relació per evitar que els problemes o el desgast acabin guanyant la partida. No deixis de parlar amb la teva parella del que t'inquieta o del que t'entristeix, estigues també pendent del que sent o pensa, intenteu compartir temps de qualitat i sorpreneu-vos sovint amb detalls i cites romàntiques. Potser no tens els ànims que voldries i et suposa un esforç extra fer aquests gestos, però segur que quan vegis l'expressió de felicitat i agraïment de la teva parella sabràs que ha valgut la pena.

→ ***Tens parella però les coses no funcionen:*** Siguem sincers, és més que probable que els teus problemes estiguin afectant d'alguna manera la teva relació. Segurament el teu estat d'ànim està sota mínims, t'aïlles més del que voldries i sents tan sovint que la teva parella no t'entén que fins i tot et planteges posar-hi final. No es tracta d'allargar res que consideris acabat perquè això només empitjorarà les coses amb el temps, però si el teu cor et diu que val la pena lluitar, fes-ho. Has de pensar que per a la teva parella és difícil veure't patir sense saber com ajudar-te o fer-te sentir millor, i si no li fas saber què necessites o escoltes el que t'hagi de dir la distància no deixarà de créixer. Parleu, mireu-vos als ulls, compartiu sense por el que us espanta o preocupa i busqueu una solució junts perquè si ho aconseguiu la vostra relació en sortirà reforçada.

Més enllà dels problemes, prepara de tant en tant una cita especial, oblida't de les penes una estona i intenta sorprendre la teva parella. I si és a la inversa i és a tu a qui sorprenen, deixa't portar i que els sentiments flueixin sense pensar en res més.

→ ***Estàs superant una ruptura:*** Sí, ja ho sé, aquesta és la pitjor de les opcions possibles. Fa mal, més del que t'havien dit o t'imaginaves, però et prometo que passarà. Tota ruptura (més o menys traumàtica) requereix un procés que és absolutament personal en el sentit que, com que es tracta d'una mena de dol, cadascú necessita el seu temps per recuperar-se. Si ha estat decisió teva, evita sentir-te culpable i recorda els motius pels quals hi has posat punt final, perquè, t'hagis equivocat o no, has de mirar endavant. Si t'han deixat procura no idealitzar la relació ni insistir a qui ja no et vol al seu costat, perquè això només farà que la teva autoestima baixi a un ritme vertiginós. Pensa que s'ha acabat per algun motiu que potser ara no entens però que amb el temps veuràs clar, i que si els sentiments haguessin estat recíprocs per ambdues parts les coses haurien anat de manera ben diferent. Accepta-ho i avança. Ara no és hora de lamentar-se, de preguntar-se «i si...», i encara menys d'estar pendent de la vida de l'altra persona perquè encara patiries més. És hora de mimar-te, de deixar enrere el dolor i de recuperar la il·lusió de conèixer algú especial. Estic convençuda que en algun lloc hi ha una persona meravellosa desitjant conèixer-te i amb qui sentiràs els focs artificials que no has sentit fins ara.

→ ***Lliure però sense sort (de moment):*** T'agradaria tornar-te a enamorar però no acabes de trobar la persona adient? Paciència. L'amor no és una fórmula exacta i per tant requereix uns quants intents abans d'obtenir l'èxit desitjat.

El que sí que pots fer és posar-hi alguna cosa per part teva, tenir una actitud positiva i buscar maneres de conèixer algú especial. Ja sé que possiblement deus estar pensant «com si fos tan fàcil!», però el més important és la intenció, a partir d'aquí és qüestió de jugar a favor del teu propòsit. Si t'agraden les tecnologies, hi ha un munt d'aplicacions i xarxes a través de les quals pots conèixer gent. Si aquesta opció no et convenç i en prefereixes una de més tradicional i personal, arregla't, queda amb la teva gent, apunta't a qualsevol sortida que et proposin i estigues receptiu a la idea d'apropar-te a algú que et desperti curiositat o (aquí depèn de la teva timidesa) a deixar que se t'apropin.

No permetis que la baixa autoestima o altres raons que et vinguin al cap es converteixin en una excusa per no intentar-ho, perquè no saps mai quan et pots creuar amb la persona perfecta.

→ ***No vols ningú al teu costat:*** Si creus que no estàs fet per a l'amor romàntic o en aquests moments no t'hi sents amb forces, no deixis de cuidar-te i de tenir detalls amb tu, com per exemple preparar-te moments especials en solitari. Entén-me, no es tracta d'organitzar un sopar romàntic i fer veure que tens algú al davant, al que em refereixo és a servir-te una copa de vi i beure-te-la amb música de fons o a anar al cinema encara que no tinguis acompanyant. Per què hauries de renunciar a fer coses que abans associaves a una cita en parella?

De totes maneres, ja que parlem de no rendir-nos, tampoc tanquis la porta a poder conèixer algú que sacsegi el teu món en el millor sentit possible. Dona't un temps per refer-te i quan recuperis els ànims, entreobre aquesta porta de nou i veuràs què bé que et fa sentir que l'amor et sorprengui.

El sexe

Hi ha molts prejudicis i pudors al voltant del sexe perquè ens han educat creient que és un tema tabú, del quals ens hem d'avergonyir, però no t'imagines els enormes beneficis físics i emocionals que et pot aportar practicar-lo regularment.

Sé que quan no s'està bé és una de les coses que potser ve menys de gust fer, que no ens sentim atractius i tendim a tancar les comportes en aquest sentit, però també sé que quan ens entreguem al desig possiblement després ens preguntem per què ho havíem deixat de banda.

Per si necessites arguments que et recordin la importància de cuidar la teva vida sexual, et puc anomenar els múltiples beneficis del sexe tant en l'aspecte físic com en l'emocional. No et preocupis, no citaré els llargs estudis que s'han publicat avalant-los (sembla que totes les universitats nord americanes n'han fet algun), sinó que per facilitar-te una mica les coses t'he fet una petita llista dels més destacats:

- → Redueix l'estrès: el sexe eleva la serotonina i per tant ajuda a alleujar tensions
- → Reforça el sistema immunològic
- → Protegeix la salut del cor
- → Et manté en forma: no t'imagines les calories que cremes quan practiques sexe!
- → Alleuja el dolor: el sexe és el millor analgèsic natural, ja que durant les relacions alliberem endorfines i oxitocina, que redueixen dolors musculars, ginecològics i articulars
- → Millora la memòria: estimula la producció de neurones, que ajuden a conservar la memòria i a prevenir el deteriorament cognitiu
- → Rejoveneix: redueix les toxines de la sang
- → Ajuda a dormir millor: augmenta la producció d'oxitocina i melatonina
- → Eleva l'autoestima

Podria continuar, dir-te que en el cas de les dones com que eleva els nivells d'estrogen millora l'aspecte dels cabells i de la pell, o que recentment s'ha descobert que gràcies al sexe millora la productivitat laboral; però no em voldria centrar només en aquests aspectes tan destacables perquè aleshores estaríem oblidant dues de les més grans recompenses d'una relació sexual satisfactòria: el plaer i el vincle que s'estableix amb l'altra persona.

De nou, si tens parella intenta no deixar de banda aquesta part tan fonamental de la vostra relació, perquè si no les coses es refredaran, i si sents que et costa connectar amb la teva part sexual parleu-ne obertament i busqueu opcions per tornar a encendre la flama.

En canvi, si estàs sol potser creus que has d'esperar a tornar a tenir parella o alguna relació esporàdica per gaudir del teu cos. Doncs bé, encara que no en parlem obertament com hauríem de fer-ho, no saps que bé que et pot fer sentir donar-te plaer a tu mateix. Sí, sí, masturbar-te. Potser les dones som més pudoroses en aquest sentit perquè se'n parla menys però, per què hauries de perdre't l'oportunitat de tocar-te quan el cos t'ho demana? Per cert, que una cosa no treu l'altra i tampoc passa res si tenint parella de tant en tant et ve de gust masturbar-te. Tot és qüestió de ser més oberts de ment, de poder-ne parlar i sobretot d'atrevir-se a posar-ho en pràctica sense jutjar-se ni censurar-se.

El que sí que voldria aclarir és que no has de fer mai, sota cap circumstància, res que no et vingui de gust. Està molt bé que hi posem de la nostra part per animar-nos a tenir relacions sexuals quan no ens sentim gaire bé per altres motius, però si el desig no flueix la nostra parella haurà d'entendre que no és el moment. Qui veritablement t'estimi sabrà respectar i comprendre les teves necessitats, siguin les que siguin. Si no és així és que potser li manca empatia per ser la teva parella, i aleshores tampoc valdrà la pena fer cap esforç que no et surti de dins, de l'amor que sents per l'altra persona i principalment per tu.

Per si avui encara no t'ho ha dit ningú: et mereixes que t'estimin i estimar-te.

«Si canvies la manera com mires les coses,
les coses que mires canvien». —Wayne Dyer

10
RELATIVITZA

En aquelles ocasions en què aconseguim veure les coses amb una certa perspectiva ens adonem que en realitat tot és relatiu. Tot depèn dels ulls amb què analitzem les nostres experiències, d'on enfoquem la nostra atenció i del valor que donem a cada vivència.

Per descomptat que hi ha circumstàncies que son dramàtiques les miris com les miris i que aleshores no ens queda cap altre remei que fer-hi front i recuperar-nos de la millor manera possible, però en la resta dels casos hem d'aprendre a desenvolupar la capacitat d'agafar distància i convèncer-nos que tot passarà, que tot anirà bé. No es tracta de repetir-se paraules buides a mode de mantra de positivisme estèril sinó de fer una declaració d'intencions sincera, de creure sense dubtar-ho que no només superarem allò que estiguem vivint sinó que en sortirem reforçats en molts sentits. Perquè serà aquest convenciment el que ens dotarà de l'empenta necessària per aconseguir-ho.

Sé que costa, que davant dels problemes tendim a adoptar

una mirada unidireccional que fa que centrem tota l'atenció en allò que ens preocupa o ens provoca dolor, però mentre visquem permanentment ofuscats pel que ens genera malestar en lloc de buscar solucions ens quedarem estancats en un carreró sense sortida.

Potser t'emprenya una mica aquest discurs, jo mateixa m'he molestat quan enmig d'una situació que m'angoixava algú m'ha dit allò de «ja veuràs que tot sortirà bé i que un dia fins i tot te'n riuràs». Però saps què? Era cert. Sí, les coses s'han de reconèixer, i tot i que en aquell moment em resultava impossible imaginar un futur on algunes situacions no em provoquessin tant dolor, no només he après a conviure amb el seu record sinó que en puc parlar amb serenitat; ho revisc tot des d'una altra perspectiva, donant el valor que té cada cosa respecte del meu estat actual, i fins i tot he pogut fer-ne broma.

Si analitzo quina ha estat una de les claus fonamentals d'aquest procés de relativització diria que el pas del temps. La força de voluntat també hi ha jugat un paper determinant, ja que si no hagués decidit fer-hi alguna cosa no hauria après molt del que ara sé, però el temps m'ha permès mirar-ho tot des d'un altre prisma i m'ha ensenyat a apreciar detalls que en un primer moment era incapaç d'assimilar.

Quan ens enfrontem a qualsevol situació dolorosa el món ens cau al damunt i no sabem per on hem de tirar perquè no ens faci tant mal, però passen les hores, els dies, els mesos i a poc a poc el pes que sentim al pit es va fent més lleuger. Sense adonar-nos-en, de sobte comencem a sentir una mica d'aire al rostre, com quan obrim la finestreta del cotxe, i aquesta sensació ens transmet l'esperança que necessitem per dir-nos, encara que sigui amb un to de dubte, que potser sí que ens en sortirem.

Això és aplicable tant a moments en què sentim que hem tocat fons, a entrebancs puntuals o a aquelles èpoques de crisi existencial en què ens ho qüestionem tot. En qualsevol dels casos, cal que ens donem una mica de temps per ubicar-nos i buscar l'espurna que ens recordi que som molt més que un desengany amorós, una pèrdua, la manca de feina, una decepció, un problema de salut o qualsevol inquietud a la qual ens enfrontem i que sentim que ens comença a definir.

Relativitzar és necessari per no rendir-se, per no creuar la fina línea vermella que ens portaria al desànim i a la llarga a la depressió, així que quan caiguis no triguis a aixecar-te. Aleshores treu-te la pols del damunt i tira endavant recolzant-te en la teva gent, en la saviesa del temps i en tot allò que saps conscientment o instintivament. Només ets conscient de la magnitud de la teva fortalesa interior quan la poses a prova.

Recrear-se en el dolor

Reconeguem-ho: recrear-se en el propi dolor de vegades resulta fins i tot plaent, o com a mínim reconfortant. Qui no s'ha posat una cançó trista en plena ruptura o ha mirat fotos d'algú que ja no hi és per recordar-lo entre llàgrimes?

Encara que vist des de fora pugui semblar el contrari, no es tracta de cap mètode retorçat d'autoflagelació o masoquisme, sinó d'una manera de deixar fluir les emocions lliurement durant una estona i de permetre'ns expressar en veu alta que estem malament.

Passem moltes hores al dia envoltats de gent que no ens coneix prou per explicar-los allò que ens crema per dins. Potser no ho fem perquè això ho reservem per al nostre cercle íntim, o qui sap si callem perquè sabent que tot és relatiu temem que ho considerin una tonteria, però el cas és que després d'estar tanta estona aparentant la normalitat que no sentim és natural —i fins i tot diria que terapèutic— dedicar un temps a deixar anar tot el que hem acumulat.

Com deia, això ho podem fer escoltant música trista, veient pel·lícules dramàtiques, pensant incessantment en el que no funciona, menjant o bevent tot allò que no ens convé però que alimenta el nostre malestar, revisant cartes o missatges que sabem que ens portaran a moments millors... Cadascú té el seu mètode per recrear-se en el dolor, i la veritat és que sol funcionar més o menys bé durant un temps, però suposo que saps on vull anar a parar, no? Doncs sí, exacte: acomodar-se en aquesta actitud pot tenir l'efecte contrari al que pretenies inicialment. Tu mateix n'ets conscient i per això tan bon punt et recompons i analitzes el que has fet encara et sents pitjor, perquè ni t'agrada aquesta versió de tu, ni et vols encallar en una banda sonora dedicada a qui no es mereix que ho passis així, ni la persona que ja no hi és voldria veure't rememorant-la des del dolor, i el teu estómac tampoc paeix gaire bé els excessos.

Recaus en aquesta dinàmica en diverses ocasions perquè estàs feble i perquè com a mínim mentre t'autocompadeixes pots exterioritzar que et sents —tot i que en el fons saps que no és així— la persona més desafortunada de l'univers, però això aviat et deixa de servir de consol i t'arrossega a una espiral de negativitat de la qual cada cop et costa més sortir. Perquè encara que la teva intenció no sigui ni molt menys aquesta, el que estàs aconseguint és sabotejar qualsevol impuls cap a la recuperació i, en definitiva, sabotejar-te a tu mateix.

Te n'adonis o no, d'un temps ençà has adoptat el paper de víctima. No dic que no estigui justificat, però ets moltíssim més que això. Aquest rol és fruit de l'embolic emocional en què estàs immers, però en gran mesura respon al fet que quan no estem bé recordem les atencions que rebíem de petits si teníem febre o ens fèiem mal i necessitem reviure aquesta sensació tan reconfortant ni que sigui durant una estona. Associem el patiment i el dolor amb una dosi extra d'afecte, i en part és així, perquè si no estem bé les persones que ens estimen estan més pendents de nosaltres, però ni és just allargar-ho ni volem que ens acabin veient com la persona indefensa i desmotivada que no som. Està bé rebre les dosis justes de compassió i empatia, però recrear-nos en aquesta actitud no només és esgotador per a nosaltres sinó també per a les persones que ens envolten.

Així que, igual que passa davant d'altres dilemes, aquí també tens dos camins per escollir: quedar-te indefinidament en aquests llimbs creient que el que fas et reconforta d'alguna manera o clavar un cop damunt la taula i tornar a agafar les regnes de la teva vida. Al final has de ser conscient que ets tu qui decideix si vol romandre en un estat de tristor, vulnerabilitat i tons grisos o si, al contrari, prefereixes apostar per l'alegria, la valentia i el color.

El moment de dir prou

Potser els teus amics i familiars no t'ho diuen per prudència o per por de ferir-te, però arriba un moment en què tu mateix has de reconèixer que ja n'hi ha prou de tanta tristesa, que és l'hora de canviar de xip en tots els sentits.

En la ficció nord-americana de vegades es fa referència al que ells anomenen una *intervention*. És una manera de fer veure a algú que ha tocat fons perquè prengui mesures urgents, i per això la família i els amics el citen per sorpresa i li fan saber com els afecta el seu comportament. Sol fer-se per temes d'addiccions, però ja que funciona tan bé com a catalitzador del canvi, també s'utilitza en altres circumstàncies que no tinguin res a veure amb les drogues ni l'alcohol sinó amb qüestions emocionals. Ara com ara nosaltres no tenim el costum de fer aquestes «intervencions», així que has de ser tu qui capti les pistes que indiquen que la situació se t'ha escapat de les mans.

Si quan quedes amb la teva gent només parleu de tu i no recordes el darrer cop que vas preguntar a algú proper com està: ja n'hi ha prou. Si passes més estona recreant-te en el dolor que buscant solucions: ja n'hi ha prou. Si plores més que rius: ja n'hi ha prou. Si evites respondre al telèfon o trigues a contestar un missatge: ja n'hi ha prou. Si quan et pregunten com estàs inclines el cap a un costat i murmures «vaig fent»: ja n'hi ha prou. Si fa massa temps que no veus ningú i has deixat de cuidar la teva imatge: ja n'hi ha prou. Si el teu pensament anticipa constantment tot el que pot anar malament: ja-n'hi-ha-prou.

Sí, ja n'hi ha prou de pensar que estàs fatal i que la vida és un drama constant. És clar que hi ha coses que fan mal i que tens moltes ferides obertes, però si romans mirant-te-les eternament t'acabaràs ensorrant. I creu-me, això és el darrer que desitges. Tan bon punt ho comencis a relativitzar veuràs que si no pots fer res per resoldre el que et fa mal és millor enfocar les energies a veure com evitar que t'enfonsi del tot, i que si hi pots fer alguna cosa és l'hora d'arremangar-se i d'actuar abans no sigui massa tard.

Tu decideixes, però si m'estàs llegint és perquè m'imagino que la voluntat ja la tens, així que felicita't per haver-te aixecat un altre dia i posa en pràctica tot allò que saps que t'ajudarà a superar-ho i a superar-te.

Maneres de relativitzar

No hi una recepta màgica per a gairebé res que no tingui relació amb la gastronomia, però si parlem de relativitzar, els ingredients són encara més borrosos que en altres temes. Perquè per aprendre a veure les coses amb perspectiva i donar-los el valor que es mereixen hi entren en joc diversos factors. D'una banda hi ha el fet que l'escala de valors de cadascú és diferent i molt personal, d'aquí que allò que alguns consideren una tonteria per a altres potser és un problema greu. També hi influeix el moment en què ens trobem i l'estat anímic, físic i econòmic en què ens enganxi la dificultat a la qual haguem de fer front. Vaja, tots sabem que no és el mateix viure una crisi amb la salut de ferro que amb problemes de salut, o superar-la sense diners que amb el compte corrent ben ple. I un tercer element és la voluntat de resoldre la situació i d'evitar que ens afecti, per la qual cosa requerim una fortalesa que alhora dependrà del nostre desgast i del nostre grau de sensibilitat.

L'ideal seria trobar l'equilibri perfecte entre aquestes tres variables: aprendre a donar el valor just a cada problema, aprofitar el millor de les nostres circumstàncies per abordar-lo, i blindar-nos perquè res ens afecti tant. Quan això ho combinem amb una intenció sincera de superar el mal tràngol, relativitzar les coses ens resultarà més fàcil i alliberador.

No vull posar-ne exemples perquè estaria entrant a valorar la importància de certes problemàtiques quan precisament considero que cada entrebanc és de la mida que consideri qui el protagonitza, però sigui el que sigui el que estàs vivint pregunta't sincerament...

... és tan greu com crec o té solució?
... estic fent tot el que depèn de mi per resoldre-ho?
.... què li diria a algú a qui estimo si es trobés en la mateixa situació?
... m'afectarà igual d'aquí uns mesos? I d'aquí uns anys?
... què és el pitjor que pot passar? com ho puc evitar? I si no és possible, com em puc preparar per fer-hi front?
... puc demanar ajuda a algú? a qui? per què no ho he fet encara?
... he passat per situacions semblants? què en vaig aprendre i com me'n vaig sortir?

Agafa't el temps que et calgui i respon amb el cor, perquè plantejar-te aquesta sèrie de preguntes t'ajudarà a agafar perspectiva, a analitzar la teva situació actual com si no fos cosa teva i a distanciar-te'n durant una estona per respirar i afrontar-la amb més bona actitud.

«Si un problema no té solució, per què et preocupes? I si té solució, per què et preocupes?». — Proverbi xinès.

Pensa-hi, potser t'ajudarà a relativitzar.

«El temps és la cosa més valuosa que l'home pot gastar». —Teofrast

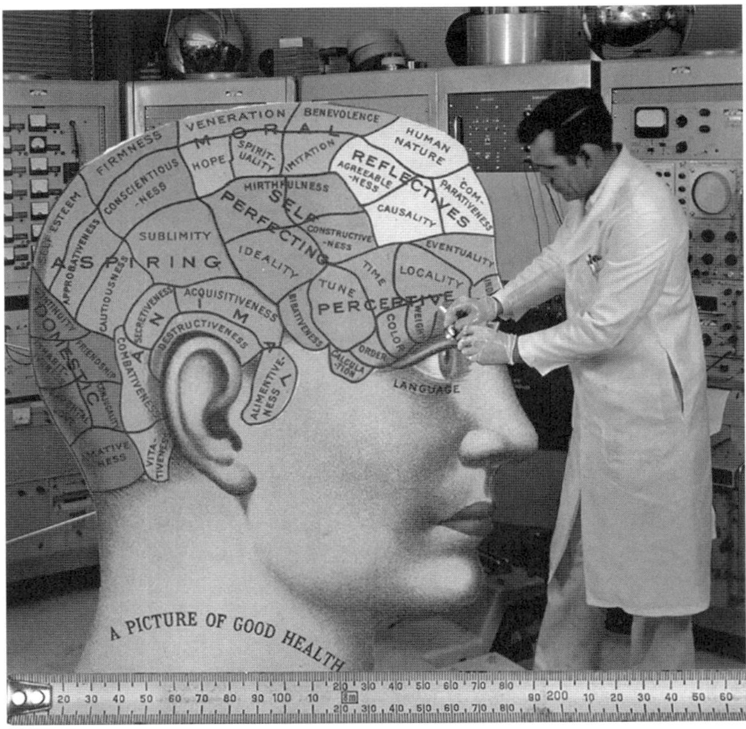

11

OCUPA'T

Quan estem massa ocupats ens queixem perquè ens falten hores per poder fer tot allò que ens agradaria fer si tinguéssim una estona per a nosaltres, però qui ha experimentat la sensació de tenir massa temps lliure sap que no és tan idíl·lic com sembla.

Aixecar-se al matí sense plans concrets és fantàstic si suposa un contrast enmig de dies d'activitat intensa, però si es converteix en una constant que s'allarga més del que voldríem acaba resultant descoratjador.

El motiu principal és que tenir massa temps lliure fa que pensem en excés, d'aquí que per exemple sovint els primers símptomes d'ansietat es presentin en època de vacances o en frenar el ritme. Perquè quan el pensament es dedica gairebé en exclusiva a donar voltes a tot, acabem sobredimensionant els problemes i ens qüestionem fins i tot la nostra pròpia vàlua.

És cert que sempre hi ha coses per fer, però si per falta de feina, de salut o pel motiu que sigui deixa d'haver-hi l'obligació real de programar el despertador cada matí o d'omplir l'agenda de cites, els minuts acaben avançant a una velocitat tan lenta que pots sentir el moviment de les busques del rellotge ressonant al teu cap. Aleshores s'inicia un ball entre la voluntat i la motivació en el qual el nostre pensament va guanyant terreny: té tot el dia al davant per dur-te allà on vulgui així que et pots imaginar que s'ho pren tan seriosament que t'ho fa analitzar tot tants cops com li és possible.

L'única manera de no sentir que el temps se'ns escapa de les mans mentre perdem el control de les imatges repetitives que ens vénen al cap i que no ens encallem en un etern dia de la marmota és mantenir-nos ocupats. Perquè si estem ocupats, automàticament estarem menys preocupats —alerta a aquest prefix *pre-* tan aclaridor—, ja que ni deixarem espai per anticipar hipotètiques situacions adverses fruit de les nostres pors o inseguretats ni ens jutjarem quan estiguem patint unes circumstàncies que no entraven en els nostres plans.

Ocupar-se d'ocupar-se

Què podem fer quan aparentment no tenim res per fer? Sembla fàcil trobar la resposta, i precisament els qui reivindiquen constantment la necessitat de tenir més temps lliure et diran que si els passés això no pararien mai a casa. Però aquí entra en joc l'estat anímic, i quan les cartes que ens han repartit darrerament no sembla que juguin a favor nostre costa bastant més trobar les ganes d'activar-se.

Tot i així, hem de fer l'esforç de lluitar contra la monotonia, de donar al nostre cervell nou material amb el qual entretenir-se, per això et suggereixo que durant una estona t'oblidis dels motius pels quals tens el dia lliure i et plantegis què t'agradaria fer si res no et preocupés. Qualsevol resposta serà vàlida, excepte quedar-te al sofà o al llit mirant les musaranyes, perquè com més triguis a posar-te en marxa més et costarà fer-ho.

Novament, si no vols conformar-te amb el teu estat actual és l'hora de fer-hi alguna cosa. Entenc que no sempre ens acompanyen les forces, així que, per si et resulta d'ajuda, aquí tens algunes idees adaptables als teus gustos, preferències i possibilitats:

→ ***Sortir:*** Pots sortir a caminar (ja hem parlat dels seus grans beneficis), anar al cinema, al teatre, a un museu, a un concert, al camp, a la platja, al bosc, al parc, a la biblioteca, a comprar, trobar-te amb els amics... qualsevol excusa serà bona per sortir al carrer. Això t'obligarà a arreglar-te i a estar en contacte amb el món exterior, del qual t'estàs perdent infinitat de coses si et quedes dins la teva bombolla. No et convé tancar-te entre les quatre parets de casa perquè t'acabaràs ofegant, i ja veuràs que quan hi tornis et sentiràs millor en haver constatat que pots acomplir tot el que et proposis seriosament.

→ ***La ficció:*** Una bona lectura, una pel·lícula o una sèrie t'ajudaran a desconnectar durant una estona dels teus problemes, i ara mateix ho necessites. Recorda que el que busquem és que el cap no tingui temps de pensar constantment a trobar respostes o solucions al que et preocupa, i per tant serà bo que t'immergeixis en un món de ficció que t'ajudi a allunyar-te de la teva realitat. Si no estàs animat seria convenient que escullis temes alegres o que com a mínim no tinguin cap relació amb els teus problemes. La idea és que t'ajudin a sentir-te bé, així que intenta posar-t'ho fàcil.

→ ***Estudiar:*** Mai no és tard per aprendre coses noves, i si ara mateix no tens cap ocupació concreta podria ser un bon moment per apuntar-te a algun curs. «Si la vida et dona llimones fes-ne llimonada», no? Doncs aquesta pot ser l'ocasió ideal per reforçar els teus coneixements sobre temes relacionats amb la feina i millorar així el currículum, o també pots aprofitar per descobrir noves aficions o per polir alguna de les teves habilitats (idiomes, cuina, dansa, fotografia...). Si malgrat les teves circumstàncies actuals aconsegueixes tornar a estudiar t'estaràs demostrant que ets capaç de reinventar-te, i alhora donaràs una bona empenta al teu nivell d'autoestima.

→ ***Buscar opcions laborals:*** Hi ha la possibilitat que actualment no tinguis feina o que professionalment et sentis insatisfet. En ambdós casos, utilitza el temps de què disposes per moure't i obrir portes. No saps mai d'on poden sorgir noves oportunitats, així que explora les teves opcions i contacta amb persones o empreses que et puguin tenir en compte. En aquest sentit, qualsevol reciclatge formatiu jugarà també a favor teu perquè qui et pugui voler contractar veurà que ets una persona emprenedora i amb iniciativa. I encara més important: et demostraràs a tu mateix que encara tens moltes coses per oferir.

→ ***Redecorar casa teva:*** Sovint deixem pendent la llista de tasques que volem fer a casa perquè no trobem el moment o les ganes de fer-les. Ara que tens temps, pots aprofitar-lo per fer alguns canvis de mobiliari i per posar-te al dia amb la pintura o les reparacions. Fins i tot pots provar les teves dots per a la restauració, i és ben igual que no quedi perfecte perquè quan vegis la teva obra acabada sabràs apreciar que fins i tot enmig de l'adversitat has intentat crear alguna cosa especial. Cuidar el teu propi espai també és una manera de cuidar-te, ja que casa teva és una extensió del teu estat anímic. Veuràs que quan tot el que t'envolta estigui en harmonia sentiràs un major benestar.

→ ***Ajuda:*** Per desgràcia, hi ha moltes ONG i associacions sense les quals un munt de persones no tindrien cap possibilitat. Valora la idea de fer-te voluntari, segur que pots aportar el teu temps a ajudar en la mesura que et sigui possible. Fer el bé als altres et farà sentir útil i et recordarà que els teus problemes potser no són tan greus com et penses. Estigues també disponible per ajudar la teva gent perquè potser t'han vist tan decaigut que no s'atreveixen a demanar-te res. Mostra't accessible i ofereix-te per fer aquelles coses per les quals tens facilitat o per escoltar algú que ho pugui necessitar. Dona sense esperar res a canvi i fes de la generositat una constant en la teva vida.

→ ***Viatjar:*** Un canvi d'aires, ni que sigui a pocs quilòmetres o a casa d'algun conegut, et mantindrà entretingut i alhora et suposarà un estímul d'allò més positiu. Poder conèixer noves cultures i paisatges no només és enriquidor en l'àmbit personal sinó que ens ajuda a relativitzar el pas del temps i les nostres preocupacions.

→ ***Animals domèstics:*** Si tens més temps lliure de l'habitual, acollir un animal a casa pot ser una bona manera d'invertir-lo. D'una banda tindràs companyia i un intercanvi sincer d'afecte, però el més important és que estaràs donant una oportunitat a un animal que si no troba cap llar segurament acabarà sacrificat.

Hi ha moltes protectores, gosseres o particulars amb gats i gossos que necessiten algú que se'n faci càrrec, i no crec que calgui fer una llista d'arguments pels quals seria bo prendre aquesta decisió, així que espero que consideris seriosament fer aquest pas.

→ ***No et rendeixis***: Com ja deus haver vist a aquestes alçades de la lectura, el llibre inclou algunes propostes que et poden fer sentir millor i que alhora t'ajudaran a ocupar el temps lliure. Escull les que consideris oportunes en cada moment i no deixis passar ni un sol dia sense fer alguna cosa especial per tu.

Si he matisat que aquests suggeriments són adaptables és perquè tinc molt en compte, entre altres, el factor econòmic. És innegable que amb diners és més fàcil estar ocupat i que per exemple et podries permetre un dia deixant que et mimin en un *spa* o anar-te'n a una illa paradisíaca a desconnectar de tot, però no deixis que això et condicioni. Utilitza la imaginació per treure el màxim de profit al que tens, perquè hi ha un munt d'activitats que pots fer sense passar per caixa.

Rebel·la't contra la temptació de deixar per demà el que podries fer avui perquè la inactivitat crida més inactivitat. Si penses, per exemple, en els diumenges que de tant en tant dediques a no moure't més enllà del triangle format per llit-cuina-sofà sabràs que al vespre t'envaeix una sensació de cansament i mandra més gran que si haguessis passat un dia d'allò més atrafegat. Per tant, escull molt bé com inverteixes el temps i, si no és que necessites reinicialitzar el comptador del cansament, procura no malgastar-lo. Això farà que te'n vagis a dormir amb l'agradable sensació d'haver acomplert algun dels teus objectius.

Ocupar-se per no sentir

Tenir massa temps lliure pot resultar aclaparador, però l'extrem contrari tampoc és convenient. I és que si algunes persones es paralitzen davant els problemes i adopten una actitud més aviat passiva, també n'hi ha que es sobreocupen per evitar pensar en res. En un principi està molt bé perquè com que tenen una gran quantitat d'estímuls per apaivagar el dolor, no el senten, però a la llarga es converteixen en olles de pressió que poden esclatar inesperadament.

Hi ha una imatge que em sembla molt representativa d'aquesta actitud. El que fan els qui es neguen a mirar els problemes de cara seria l'equivalent a col·locar els trastos dins un armari de qualsevol manera a l'hora de recollir-los. Aparentment tot està endreçat i no hi ha res al mig del pas, però un bon dia, quan hi volen guardar alguna altra cosa,tot els cau al damunt i és pitjor que si haguessin desat tranquil·lament cada objecte al seu lloc en el seu moment.

Si et mantens actiu, que sigui de manera raonable, però no utilitzis les sortides, les trobades o qualsevol activitat a què t'apuntis sense dubtar-ho per ocultar els problemes fingint que estàs bé, ja que al cap i a la fi a qui estàs enganyant és a tu mateix. Busca doncs un equilibri que et permeti tenir estones d'oci i de desconnexió però que també et deixi espai per a la introspecció, perquè quan deixis de mirar constantment cap a una altra banda podràs començar a resoldre el que et preocupa.

Aprendre en soledat

El temps pot semblar fins i tot amenaçador quan no sabem com omplir-lo, però intenta veure'l com un aliat del teu procés de creixement personal. Està molt bé que et mantinguis ocupat perquè el que intento fer-te veure és que la passivitat no et durà enlloc, però aprofita també aquesta oportunitat —és millor que ho consideris així que no pas una crisi o una mala temporada— per dedicar-te temps a tu, en soledat.

La soledat ens espanta perquè ens pot fer veure els nostres propis fantasmes de ben a prop, però mentre no sapiguem trobar la sensació de serenitat quan no ens envolta ningú serà molt difícil que puguem aprendre de les nostres experiències i aprofitar-les per créixer.

El moment que estàs vivint pot ser dolorós, però també és molt valuós perquè t'ofereix l'oportunitat de descobrir-te com mai ho havies fet fins ara. Tens a les teves mans les circumstàncies perfectes per conèixer la persona més important de la teva vida, tu, però per això cal que estiguis disposat a passar temps en soledat i a deixar que aleshores el teu pensament et parli sense filtres. Hi haurà coses que no t'agradarà sentir, estones en què realment necessitaràs sortir o fer el que sigui per fugir dels teus problemes, però com més valent siguis a l'hora de mirar ben endins teu més bé et sentiràs.

No tothom entén que es pot gaudir de la soledat i que hi ha qui fins i tot necessita aquests parèntesis lliures d'interferències externes; possiblement és perquè la idea d'explorar-se en silenci els provoca vertigen, però deixa que et digui que si és el teu cas, mentre no superis aquesta por anticipatòria no apreciaràs els beneficis d'estar sol. Com més còmode s'està en soledat més es gaudeix d'aquest espai privat on el temps passa volant fent el que a un li ve de gust sense haver de donar explicacions. A més, és ben curiós però precisament quan aprenguis a mantenir-te ocupat per evitar que el teu cap et porti on no vols anar, sense adonar-te'n també desenvoluparàs la capacitat de passar temps sol en silenci per poder escoltar des de la calma els teus pensaments.

Quan es tracta d'estar ocupats, l'important és frenar la temptació d'allargar la inèrcia que ens convida a aïllar-nos i a no fer res. Si no saps per on començar, fes una llista de coses (petites i grans) que podries fer a partir de demà i posa-t'hi:

COSES PER FER (que em faran sentir millor)

«La pau sempre és bella». —Walt Whitman

12

RELAXA'T

Sí, sí, ja sé que «relaxa't» és el pitjor que se li pot dir a algú que està estressat, però ens agradi o no, és imprescindible afluixar les tensions si el que pretenem és resoldre allò que ens preocupa i, sobretot, sentir-nos millor.

Des de l'instant en què els problemes truquen a la porta, tant el nostre cos com les nostres emocions comencen a posar-se en estat d'alerta. En l'aspecte físic és possible que això es tradueixi en la presència constant de contractures musculars, alteracions digestives, dificultats per dormir, reaccions cutànies o un cansament creixent, per citar només algunes de les conseqüències menys greus. Pel que fa a l'estat emocional, aquesta tensió permanent tampoc ens fa cap bé, i si no aprenem a gestionar-la ens pot acabar passant factura en forma d'ansietat, angoixa, irritabilitat, pors, bloqueig a l'hora de prendre decisions, canvis d'humor freqüents o depressió. Com que no és un panorama gens encoratjador, si no volem arribar a aquests extrems hem de posar-nos a treballar en la nostra relaxació com més aviat millor.

Quan un grup s'enfronta a una situació de perill, la persona que assumeix el rol de líder de seguida demana a la resta que mantingui la calma. El motiu és evident: des de l'estrès no prenem les millors decisions, així que per sobreviure a l'amenaça que sigui hem de tenir prou sang freda per poder disposar dels nostres recursos en plenes facultats. Vist així entendràs que, encara que ara no estiguis tan al límit, has de recuperar la serenitat perduda i tenir un ritme cardíac mínimament estable per no acabar sent devorat pels problemes.

Però, com et relaxes si tot el que t'envolta sembla que et condueix novament a mantenir-te en guàrdia pel que pugui arribar? La part teòrica segur que ja la saps, de fet n'he parlat als anteriors capítols, però si no passes a la pràctica tard o d'hora acabaràs esclatant. I no t'ho desitjo perquè en el millor dels casos viuràs un moment de fúria que descarregaràs amb algú que no s'ho mereix, i en el pitjor, la teva salut se'n podria veure afectada.

Un estat de tensió no es pot perllongar indefinidament, hi hem de posar fre tan bon punt en prenem consciència perquè sempre hi haurà alguna cosa que no anirà com voldrem, complicacions, o raons a les quals atribuir la nostra dificultat per relaxar-nos. El mèrit és saber trobar la calma enmig de la tempesta, i per això pots intentar combinar l'ús d'elements externs amb elements interns.

Si pensem en elements externs, podem relaxar-nos gràcies a un massatge, un bany amb sals aromàtiques, fent qualsevol activitat física que ens deixi gustosament esgotats, creant espais o envoltant-nos de paisatges que ens ajudin a estar en pau, escollint bé les companyies i evitant durant una temporada aquelles persones que ens generen tensions, o simplement afluixant una mica el ritme diari. Com veus es tracta de propostes d'allò més agradables que t'ajudaran a trencar la dinàmica de l'estrès, així que considera-les un regal que et fas per compensar tot el que estàs aguantant.

Interiorment, si vols relaxar-te has de fer un canvi molt important en la teva actitud i en les teves intencions. El primer és acceptar que tens problemes i veure que d'una manera o altra s'aniran resolent, perquè l'acceptació t'ajudarà a no estar constantment lluitant contra els elements. També és fonamental mantenir-se positiu i no perdre l'esperança; de vegades no serà fàcil i tampoc passa res si hi ha moments de feblesa, però recorda la importància de creure que te'n sortiràs i que a més a més l'experiència et reportarà fortalesa i et dotarà de noves eines personals. Has de voler aquesta tranquil·litat d'una manera sincera, no com un desig llançat a l'aire esperant que t'arribi automàticament sense posar-hi res per part teva, perquè l'estat de relaxament —com tot allò que repercuteix en el teu benestar— porta implícita una part proactiva que requereix la teva participació.

És clar que el més complicat és fer aquests ajustos interiors, però alhora és el que et suposarà beneficis de més llarga durada. Tant de bo tot es resolgués amb un massatge de tres hores a sota d'un cocoter, però encara que et puguis permetre aquests luxes no trigaràs a tornar a patir d'estrès si no és que fas alguns canvis. Per tant, si et vols relaxar has de tenir la intenció de relaxar-te i a partir d'aquí evitar sumar més circumstàncies o pensaments estressants dels imprescindibles. Ja portes massa pes damunt les espatlles, així que en lloc de reforçar la musculatura per poder-lo suportar comença a deixar-lo anar.

Carregats de manies

Quan ens sentim aclaparats per petits i grans problemes o estem vivint una època tan dolça que temem que s'acabi, sense adonar-nos-en desenvolupem un mètode d'allò més peculiar per reduir l'estrès. Parlo de les manies o supersticions, unes aliades aparentment inofensives que ens serveixen per trobar una mica de pau a través d'elements que creiem que controlem. És per això, per exemple, que davant d'un esdeveniment important escollim una peça de roba que anteriorment ens ha donat bons resultats, que recorrem a amulets, o que ens acabem convencent que gràcies a certs gestos o objectes tindrem més sort i que tot s'arreglarà.

Es tracta d'una manera de compensar l'ansietat, i per més que reconeguem que pot semblar il·lògic o fins i tot absurd, aquestes repeticions i manies ens fan sentir millor perquè ens transmeten tranquil·litat quan més en necessitem. El procés és el següent: una situació ens estressa o ens angoixa, i per calmar la sensació desagradable que això ens provoca posem en pràctica alguna mena de ritual o de mania que automàticament ens fa sentir alleujats. Com més ens funciona el sistema, més el reforcem i l'integrem a la nostra rutina, però en realitat el que estem fent és alimentar unes obsessions que ens acabaran augmentant l'ansietat.

Per això és tan important estar relaxats i tenir confiança,

perquè si ens enfrontem a qualsevol circumstància des de la calma tenim més seguretat i no necessitem dipositar les expectatives en cap element extern. Contràriament, les manies es disparen davant de les nostres inseguretats, tensions i dubtes, que les alimenten i les fan créixer a gran velocitat si en perdem el control. I és que el control n'és precisament la clau, ja que si bé les supersticions i les manies tenen el seu origen en la necessitat de saber que tot sortirà com desitgem —encara que sigui impossible controlar totes les variables—, si se'ns escapen de les mans i els confiem la nostra tranquil·litat i esperances d'èxit ens generaran més estrès.

La manera de saber si has ultrapassat la frontera és valorar si et sents lliure o si, al contrari, tens la sensació de dependre d'aquests rituals. Tots tenim les nostres rareses i peculiaritats i en soc una gran defensora perquè ja hi ha massa normes i exigències destinades a què ens sotmetem a uns estàndards, però quan aquestes extravagàncies ens dominen i no ens permeten viure amb calma vol dir que hem d'actuar.

És un tema de sentit comú. Si el que fas no interfereix en el teu dia a dia, ves fent amb els teus amulets i petits rituals quan necessitis alguna cosa a què aferrar-te i que et transmeti confiança. En el cas que tinguis les manies controlades però vegis que darrerament van en augment, pots fer l'exercici d'eliminar-ne algunes; això requereix una gran força de voluntat i deixar les pors enrere, però tan bon punt comprovis que res no empitjora et sentiràs més alliberat i t'animaràs a continuar el procés de neteja. Aquí t'ajudarà molt relativitzar les coses, és a dir, no delegar-hi tanta responsabilitat i també prendre-t'ho com un joc en el qual és millor començar per les que et resultin més fàcils. Tampoc t'hi obsessionis en excés, no hi ha res de mal a tenir petites supersticions, així que deixa'n algunes perquè mentre no es converteixin en un llast formen part de la teva personalitat i de les teves boniques rareses.

Si veus que et costa més del que et pensaves, una manera de reduir la llista de manies o supersticions és comprendre-les i conèixer-ne els orígens. Quan es tracta de les supersticions més famoses informa-te'n i veuràs que el que considerem que ens dona mala sort ve d'algunes històries que mai ens hem molestat a esbrinar i que ens poden ajudar a qüestionar-les. Per exemple, els gats negres a països com el Japó o la Gran Bretanya s'associen amb la bona sort, i el motiu pel qual es considera un mal auguri que ens hi creuem és que a l'edat mitjana se'ls relacionava amb la bruixeria. Veuràs que hi ha teories per a tots els gustos, de manera que escull les que et convencin més de cara al teu propòsit. Pel que fa a les manies o rituals que has creat personalment, per alliberar-te'n t'anirà bé racionalitzar-los, explorar d'on venen i què n'esperes perquè així quan vegis que no hi ha prou elements empírics que n'avalin l'ús tindràs més arguments per desar-los en un calaix.

Finalment, quan les manies ja tenen vida pròpia i no mantenen cap relació directa amb fets concrets, hi has de posar fre perquè no et desbordin. Si per més que els busquis la lògica no aconsegueixes eliminar-ne cap i creus que s'estan convertint en una obsessió, planteja't demanar cita amb un especialista que et doni algunes pautes de conducta per ajudar-te a controlar-les abans de descontrolar-te del tot. Vull tornar a insistir, perquè hi ha molts prejudicis i tendència a jutjar-nos, que recórrer a algú que en sap més que nosaltres és un acte de valentia del qual no t'has d'avergonyir mai. Tot el que facis per millorar i superar-te té un gran mèrit, i reconèixer que tens un problema és el primer pas per posar-hi remei. A partir d'aquí, la constància serà novament una bona aliada, i recorda que associar l'èxit del teu avenir a aquests elements és una manera de creure ben poc en tu o de desconfiar i tenir fe en el futur.

L'ansietat

Un bon dia et falta l'aire, et sents marejat, el cap se t'emboira i no entens què t'està passant fins que algú identifica els símptomes: acabes de tenir un atac d'ansietat en tota regla. Quan et trobes una mica millor el primer que et preguntes és: per què? I tot seguit encadenes un nou dubte: per què a mi?

L'ansietat apareix per moltes raons però un estat de tensió constant és una manera d'allò més arriscada de desafiar-la, d'aquí la importància de mantenir la calma sempre que puguem i de reduir el nostre nivell d'estrès.

Tot i que es manifesta de manera diferent segons cada cas i/o persona, l'ansietat pot provocar taquicàrdia, ofec, tremolors, suor freda, problemes estomacals, opressió al pit, mareig, formigueig, cansament, rigidesa muscular... No té gaire bona pinta, oi? Si n'has patit sabràs que convé fer l'impossible per no repetir l'experiència, i si has tingut la sort de no ser-ne víctima pren mesures abans no ho lamentis. Perquè més enllà d'aquests desagradables efectes físics l'ansietat ens afecta també psicològicament fent-nos estar inquiets, angoixats, amb sensació d'amenaça i inseguretat, amb por, dubtosos i amb l'autoestima molt baixa.

Si bé és cert que els moments més crítics són les crisis d'ansietat o els atacs de pànic, l'ansietat es pot convertir també en una companya cruel i silenciosa que acaba alterant la nostra conducta. Dia a dia van guanyant terreny les pors, els dubtes, la inquietud, la manca de concentració o la irritabilitat i per més que ho intentem no aconseguim trobar la calma en res del que fem. Encara més, davant del malestar anticipem el pitjor de qualsevol situació a què ens haguem d'enfrontar i això el que fa és augmentar el risc de tenir un nou pic d'ansietat. Sense adonar-nos-en entrem en un cercle viciós d'angoixa que genera més angoixa i un bon dia sentim que hem perdut el control de les nostres reaccions físiques. És dur, duríssim en molts moments, però la mateixa sensació de calma que tens quan superes una d'aquestes crisis l'has d'utilitzar per posar-hi remei.

Hi ha tres claus essencials per poder fer front a l'ansietat. La primera és saber com funciona, entendre'n el mecanisme per perdre-li la por i trobar-hi una explicació que ens faci veure que no hem fet res malament. La seva aparició depèn d'elements biològics, psicològics i de les nostres circumstàncies personals, però l'ansietat es considera una resposta de lluita/fugida davant d'una situació que considerem de perill. No necessàriament implica patir un perill tangible o immediat sinó que es pot presentar perquè la nostra ment sent que alguna cosa no va bé dins nostre o al nostre entorn i reacciona desplegant el seu arsenal de defensa.

Et suggereixo que llegeixis tot el que puguis al respecte però principalment has de saber que el nostre sistema nerviós autònom és el que regula la digestió, la circulació, la respiració i el metabolisme. Es tracta d'un sistema que té alhora dos subsistemes: el simpàtic (que prepara el cos per a l'acció i per a la producció d'energia) i el parasimpàtic (que propicia la desactivació, recuperació i restauració de l'organisme i afavoreix la conservació de l'energia). Si el nostre cervell interpreta que estem en perill, el sistema nerviós autònom activa la branca simpàtica i comencen els canvis físics per preparar l'organisme per lluitar o fugir: els músculs es tensen, les pupiles es dilaten, augmenta el ritme i la força dels batecs del cor, augmenta la temperatura corporal i es redistribueix el flux sanguini, que augmenta especialment en zones relacionades amb les respostes instintives o motores. Per això podem sentir confusió i mareig, formigueig a les mans o als llavis o ens pot costar raonar. Davant d'aquesta reacció podem lluitar i fer front al problema utilitzant els nostres recursos per recuperar la calma i estabilitzar el cos, podem intentar fugir del que ens amenaça o ens podem quedar paralitzats esperant que tot passi. En qualsevol dels casos, tan bon punt comencem a sentir-nos segurs, s'activa el sistema parasimpàtic i el cos va recuperant l'estat anterior a disparar-se l'alerta.

Conèixer aquest meticulós procés de cos i ment et pot ajudar a entendre més bé com treballa l'ansietat i a buscar eines pròpies per aturar-la quan aparegui. Pensa que, per exemple, als cursos per superar la por de volar s'explica com funcionen els comandaments de l'avió precisament perquè el desconeixement dispara la imaginació i fa que ens sentim més insegurs i fora de control. Així que, davant de l'aparició dels primers símptomes d'un atac d'ansietat, estarà bé que sàpigues que el cos està reaccionant al que identifica com a perill encara que potser tu triguis a identificar-ho i que passarà per una sèrie de canvis físics més o menys intensos fins que aconsegueixis recuperar les regnes de la situació i, per tant, la calma.

La segona clau que cal tenir en compte pel que fa a l'ansietat és que necessites aferrar-te a la serenitat tant com et sigui possible. Els nervis són uns aliats terribles de l'ansietat i la fan més forta, així que si en pateixes has de fer un doble esforç per viure la vida més relaxat i prendre totes les mesures que tinguis a l'abast per triomfar en el teu objectiu.

Finalment, necessites descobrir l'origen de la teva ansietat, el motiu pel qual el teu cervell sent que estàs en perill i reacciona a l'amenaça fins i tot en els moments més inesperats. Com comentàvem, es poden patir atacs d'ansietat puntuals però de vegades es converteixen en una constant o es té una sensació d'angoixa aferrada al pit que sembla que no t'abandona i que genera més estrès en anticipar possibles futures crisis. És esgotador viure a l'ombra de l'ansietat, per això s'ha de buscar què la provoca; hi ha algun motiu que et fa sentir ansiós i mentre no el descobreixis et serà difícil deixar de patir ansietat. Estem acostumats a la medicina occidental, que busca el remei davant la malaltia, però en la medicina oriental es dediquen més a la prevenció per evitar portar el cos o la ment al límit, i amb l'ansietat hauríem d'adoptar aquesta actitud preventiva. Tot el que puguis fer per assolir un estat de calma superior a l'actual t'ajudarà no només a fer front a l'ansietat sinó també a tenir la ment clara per poder esbrinar quina en pot ser la causa.

És una qüestió prou delicada per posar-se en mans d'un especialista, així que recorda que no estàs sol, que sense que ho sàpigues estàs constantment envoltat de persones que pateixen ansietat i se n'amaguen per vergonya. El més important ets tu i el teu benestar, així que informa-te'n bé, explora els teus propis símptomes i sentiments per tenir més eines de cara a frenar possibles pics d'angoixa, i si veus que no te'n surts no deixis de demanar ajuda professional.

El que ens passa condiciona la nostra ansietat, l'estimula, i aprenem a respondre a les nostres pors com si estiguéssim en un estat d'alerta constant. Això fa que acabem subestimant la nostra resiliència, força, valor o valentia, però tan bon punt recuperem la calma descobrirem que som resilients, forts, valuosos i més valents del que hem arribat a creure mai.

Els sismòlegs saben que perquè un edifici resisteixi millor l'efecte d'un terratrèmol és aconsellable que tingui una estructura flexible, capaç d'admetre un cert grau de deformació. La tensió no t'ajudarà a aguantar els cops de la vida, així que quan comencis a notar-te estressat busca maneres agradables de relaxar-te.

«L'ànima té il·lusions com l'ocell té ales;
això és el que la sosté». —Victor Hugo

13

IL·LUSIONA'T

Si a la paleta de colors amb què veiem la vida hi predomina una àmplia gamma de grisos cal que ens aferrem als nostres somnis i il·lusions amb totes les nostres forces. Perquè la idea de fer realitat aquells desitjos que ara semblen massa llunyans pot ser l'estímul necessari per no rendir-nos.

Llevar-se al matí i mantenir-se positiu durant tot el dia és més difícil quan no hi ha res que ens motivi, i per aquest això hem de buscar allò que ens apassiona, ens excita i il·lusiona de tal manera que fins i tot quan ens plantegem abandonar ens empenyi a fer una passa més.

La tristesa, el ressentiment, la por o altres emocions negatives que ens envaeixen amb més freqüència de l'habitual durant èpoques complicades o de transició tindran menys efecte sobre nosaltres si reservem un espai del nostre pensament a qualsevol projecte personal o professional que ens il·lusioni. I és que fantasiejar és un plaer saníssim en l'aspecte emocional i ens transmet l'enorme injecció d'energia positiva que suposa sentir-se esperançat.

Diuen que l'esperança és el darrer que es perd, possiblement d'aquí beu la nostra resiliència, però hi ha situacions que ens la van minant lentament fins a debilitar-la i deixar-la en estat crític. Amb una mica de sort potser ens arribarà de sorpresa una petita alegria gràcies a la qual aquesta fe començarà a revifar, però si no és que ens hi impliquem personalment sempre ens quedarem a mig camí de la seva completa recuperació.

Les petites grans coses de la vida

Pensem en algunes situacions que ens poden fer il·lusionar: l'inici d'una relació sentimental on tot va sobre rodes, un triomf professional, guanyar la loteria o rebre un pagament extra inesperat, preparar un viatge... la llista podria seguir i seria ben diferent per a cada persona en funció dels seus propis anhels, però sovint oblidem que no és imprescindible que es produeixin aquestes grans notícies per trobar la il·lusió. És clar que el cor ens batega més intensament abans d'una cita amb la persona que ens agrada o que el pols se'ns accelera quan el nostre avió s'enlaira rumb a una nova destinació, però hem d'aprendre a no passar per alt cap detall, cap oportunitat de mantenir encesa la flama de la il·lusió.

La il·lusió es pot alimentar i fer créixer dins nostre, així que tot el que li donem per estimular-la farà que els ulls ens brillin més sovint. Per mi, per exemple, hi ha una nit de l'any especialment màgica: la nit de Reis. Cada 5 de gener al vespre, independentment de les meves circumstàncies i estat anímic, surto a veure la cavalcada dels Reis d'Orient i durant l'estona en què soc testimoni de l'espectacle i de les cares meravellades de petits i grans recarrego el meu magatzem d'il·lusió. Perquè em sembla una nit en què se'ns recorda que tot és possible, una nit per deixar de banda els problemes i confiar que l'endemà segur que la vida ens regalarà noves sorpreses.

Més enllà de dies concrets com poden ser celebracions, aniversaris, cites o premis, enfoca la teva atenció a trobar motius pels quals il·lusionar-te regularment. Segur que n'hi ha més dels que et penses, però com que tendim a donar-los per sabuts ens oblidem de valorar-los com es mereixen. Constantment rebem el missatge que per ser feliços necessitem una gran casa, un cotxe d'alta gamma i consumir sense parar, però el que veritablement ens marca interiorment no és res material sinó les petites grans coses de la vida.

Hem de fer l'exercici de tornar a mirar el que ens envolta en lloc de simplement veure-ho, de convertir-nos en recaptadors d'il·lusions i d'esperança. Només així podrem apreciar la il·lusió que ens fa la trucada d'algú a qui feia temps que no sentíem, que per fi estrenin la pel·lícula que tant hem esperat, que a la ràdio soni una de les nostres cançons preferides, haver après una nova recepta de cuina, que ens reconeguin un mèrit o un esforç, trobar-nos per sorpresa un bitllet a la butxaca d'aquell abric que no fèiem servir des de l'hivern passat, la primera capbussada de la temporada al mar, rebre una postal o una felicitació nadalenca, anar a sopar a fora, que la nostra mascota ens esperi davant la porta movent la cua, que floreixi una planta a la qual hem dedicat moltes atencions, o simplement l'arribada d'un missatge de text d'algú important per a nosaltres. Tenim moltes raons per sentir-nos afortunats, i són precisament detalls com aquests els que ens ho poden recordar i els que ens demostren que la il·lusió està permanentment present —tot i que ens costi reconèixer-la— en el nostre dia a dia.

Pren nota mental de tot allò que hauries de celebrar i passes per alt, però no deixis que l'atzar en sigui el màxim responsable. Tu mateix pots cultivar la teva il·lusió i la de la teva gent tenint petits detalls, preparant sorpreses, fent plans o marcant-te nous objectius i reptes. Tot és qüestió de proposar-s'ho i de ser creatius, i ja sé que potser sona una mica naïf, però tenint en compte que ja hi ha massa circumstàncies que ens fan créixer de pressa no veig per què no ens hem de permetre una dosi d'ingenuïtat.

Descobrir el teu '*ikigai*'

Tornem, però, a les grans qüestions de la vida, al que s'hauria de convertir en el nostre full de ruta. Quan tenim la sensació d'estar perduts és possible que es degui al fet que no sabem realment quins són els nostres somnis, o que allò que fem estigui tan allunyat del que ens faria feliços que res ens resulti prou estimulant o satisfactori. Aquesta manca de sintonia amb la nostra essència o amb el nostre objectiu vital ens frustra i ens apaga la il·lusió, perquè ja no recordem la darrera vegada que vam esperar ansiosos algun fet destacat, i com que el futur no sembla augurar novetats gaire excitants simplement continuem amb el pilot automàtic deixant que la grisor es vagi apoderant de nosaltres.

Si darrerament tens aquesta sensació, hi ha algunes preguntes que t'hauries de plantejar per valorar si necessites fer un canvi important. Pren-te el temps que necessitis, dies si cal, però busca dins teu les respostes i explora-les en profunditat perquè poden suposar un abans i un després no només en el teu estat anímic sinó en el camí que segueixis a partir d'ara:

- Si poguessis fer el que et vingués de gust sense preocupar-te pels diners, a què et dedicaries?
- Hi ha algun *hobby* al qual t'agradaria dedicar més temps? Es podria convertir en la teva professió?
- Què és el que ocupa majoritàriament els teus pensaments quan et sents il·lusionat? Quant temps real inverteixes en aquest tema diàriament?
- Què és per a tu un dia perfecte?
- Podries estudiar alguna cosa nova per fer un canvi professional? Per què no ho has fet?
- Amb qui passes les millors estones? Dediques prou temps a aquesta o aquestes persones?
- Quan va ser la darrera vegada que vas fer el que realment et venia de gust sense donar explicacions?
- Què canviaries en la teva vida per ser feliç?
- Creus que tens por dels canvis? Per què?
- Quantes decisions has posposat darrerament?
- Com t'imagines la teva vida d'aquí deu anys? T'agrada el que veus?

Ja t'he avançat que no són preguntes senzilles però l'objectiu és que facis una radiografia de la teva situació actual, que valoris les coses que realment valen la pena tant personalment com professionalment i canviïs sense por tot allò que t'està minant per dins i eliminant la il·lusió. Segueix el teu instint, perquè en el fons et coneixes millor del que creus. Prendre grans decisions sempre fa vertigen, però és millor arriscar que quedar-se en un estat permanent d'insatisfacció i repetir-se constantment allò de «i si...». Sé que potser et conformes, que has acceptat les teves circumstàncies i simplement vas fent, però la veritat és que pots aspirar a tot allò que et proposis, i la clau està a trobar el teu *ikigai*.

Segons la tradició japonesa, tots tenim el nostre *ikigai*, la nostra «raó de ser», i cal buscar-lo en el nostre interior ja que quan el trobem sentirem passió, satisfacció i felicitat, perquè entendrem finalment el significat de la vida. No hi ha cap llibre d'instruccions per trobar-lo, però com millor ens coneguem i més escoltem el que el nostre subconscient intenta dir-nos més ens hi apropparem.

L'*ikigai* és tan poderós que a l'illa japonesa d'Okinawa, on practiquen aquesta filosofia de vida, és on hi ha les persones més longeves del món. Però no només això, la seva població té tan sorpresos els experts que l'han estudiat i han comprovat que gràcies a la seva actitud centrada en l'*ikigai* no només viuen més anys sinó que estan més sans físicament i mentalment, tenen les hormones sexuals elevades fins a edats avançades, saben gaudir de les petites coses, cooperen els uns amb els altres, els apassiona tot el que fan i es mantenen ocupats sense estressar-se.

L'*ikigai* s'associa sobretot amb la professió, per això qui el troba no té l'imperiosa necessitat de jubilar-se o el desig d'agafar-se vacances cada pocs mesos. Per ajudar-te a descobrir el teu *ikigai* planteja't com ompliries cada un dels següents cercles:

Ikigai: «La teva raó de ser»

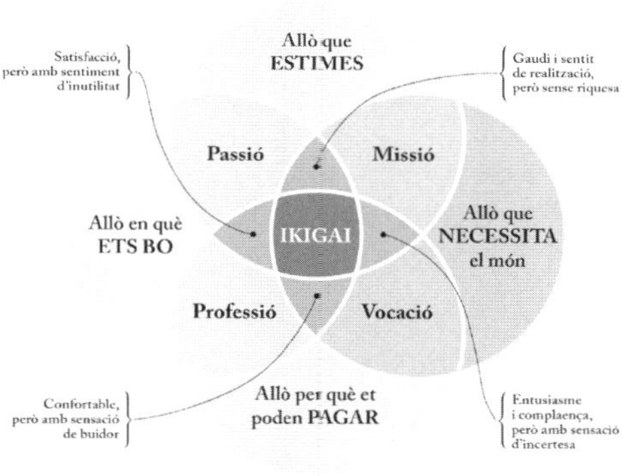

Sé que soc una persona afortunada perquè em dedico a allò que m'apassiona, perquè vaig descobrir la meva vocació des de ben petita, i això fa que encara que ocasionalment es presentin obstacles tingui molt clara quina és la direcció que vull seguir i hi perseveri amb tota la il·lusió que tinc al meu abast. També sé com em sento quan desconnecto d'aquest *ikigai* i ocupo el meu temps personal o professional en coses que no m'apassionen, així que fes tot el que estigui a les teves mans per connectar amb el teu veritable jo, amb el teu objectiu vital. Sembla complicat però el tens més a prop del que t'imagines, només has d'eliminar les interferències i escoltar-te.

Ara bé, no només es tracta de descobrir el propòsit personal, els que viuen en sintonia amb l'*ikigai* també s'han fet seves algunes màximes: mantenir-se sempre actius, prendre's les coses amb calma, no menjar fins al punt de sentir-se tip, envoltar-se de bons amics, posar-se en forma per l'aniversari, somriure, reconnectar amb la natura, donar les gràcies, seguir el propi *ikigai* (aquella passió que fa que donis el millor de tu) i viure el moment. Sabent els bons resultats i beneficis que els suposa, val la pena intentar-ho, no trobes?

Allunyar la depressió

La falta d'il·lusió pot ser transitòria quan es deu a experiències doloroses i estressants, o pot tenir un caràcter permanent que influeix negativament en la nostra vida. El problema és que aquesta sensació d'haver tancat les finestres a l'exterior té les seves conseqüències per als qui la pateixen. Perquè en perdre la il·lusió els manquen les ganes de marcar-se metes o objectius, i precisament sense aquests objectius encara els costa més recuperar la il·lusió i entren en un cercle viciós que els genera frustració, desesperança, dispersió, insatisfacció i la sensació d'haver perdut el camí que cal seguir.

En el cas que aquesta manca d'il·lusió estigui relacionada amb la feina es tradueix en desmotivació, menys rendiment, poca implicació amb els companys i la mínima voluntat d'ascendir o millorar. Si en canvi està vinculada a la parella, el resultat és un augment de la monotonia, un desinterès creixent envers l'altra persona, possibles discussions, i menys ganes de passar temps junts o de practicar sexe. Però quan aquesta falta d'il·lusió que pot ser causada per diferents motius arrela en el nostre interior, l'efecte més preocupant és que a la llarga, sumada a altres factors, es converteixi en una depressió.

Equivocadament hi ha qui confon sentir-se ocasionalment trist o nostàlgic amb estar deprimit, però aquest és un tema prou seriós per no frivolitzar-hi ni restar-hi importància. Perquè la depressió és una malaltia que desafortunadament no sempre és compresa com caldria, i encara està estigmatitzada pels que consideren que, tenint en compte que la simptomatologia no és fàcilment demostrable, el pacient potser exagera. Sentir un estat permanent de tristor i buidor, perdre l'interès pel que ens agrada o envolta, patir alguna alteració en l'apetit i en el son, cansament, manca d'esperança, irritabilitat, ansietat, culpa, malestar, problemes digestius, idees de mort o suïcidi són alguns dels símptomes de la depressió, així que resulta tremendament injust qüestionar els qui la pateixen en lloc de mostrar-los una mica d'empatia.

Fer front a la depressió és una tasca àrdua, ja que tendeix a envair la víctima amb tanta força que es fa difícil desprendre-se'n. S'apodera lentament de la persona, i quan pren consciència que més enllà de sentir un trist desànim el que li passa és que ha entrat en una depressió, aquesta ja ha agafat el control de les seves emocions i pensaments.

Com he comentat en relació amb les manies o l'ansietat, si et sents deprimit seria convenient que et posessis en mans d'un especialista perquè la cosa no empitjori, que en parlis amb algú que t'ajudi a reconduir aquest malestar trobant el que el motiva i donant-te eines per fer-hi front. Tu ets més fort que la depressió encara que ara no ho vegis així, i tan bon punt decideixis plantar-li cara i deixar-la marxar veuràs que el teu estat d'ànim i la teva salut milloraran automàticament. De totes maneres, independentment que vagis a teràpia o no, hi ha una sèrie d'ajustos que pots fer per guanyar-li la batalla:

→ ***Mantén-te actiu*** perquè no t'agafi desprevingut, no permetis que et vegi feble. Planta-li cara i posa't en marxa per no deixar-li espai. Fes tot el que sigui possible per ocupar el temps amb coses que t'il·lusionin.

→ ***Treballa en la teva autoestima***. Cuida't, valora't i repeteix-te missatges d'ànim i d'autoreconeixement. Evita qualsevol discurs de «no puc».

→ ***Millora les relacions*** amb el teu cercle íntim i evita aïllar-te. Recolzar-te en les persones que t'estimen et farà més fort.

→ ***Centra el pensament*** en temes que et facin sentir bé i de seguida que la teva ment intenti arrossegar-te cap a la tristor o cap a pensaments negatius, placa-la desviant l'atenció a un altre tema.

→ ***Expressa les emocions***, accepta-les i deixa-les fluir. La situació és la que és i si la negues t'enganyes a tu mateix, així que simplement reconeix el problema i enfronta-t'hi.

→ ***Marca't objectius***, per petits que siguin. Pots enfocar les energies a fer realitat els teus grans somnis o simplement a buscar petits estímuls i reptes que et reconfortin quan els compleixis.

→ ***Dedica't temps*** per mimar-te i no pensar en res. Encara que sigui mitja hora al dia, reserva una estona al teu benestar i concedeix-te tot el que desitgis.

→ ***Pren decisions***, no posposis els problemes. Procura veure com resoldre les situacions que ara et generen dolor i com canviar-les per sortir de l'estancament en què et trobes.

→ ***No tinguis pressa*** per desfer-te de la depressió perquè això et generarà angoixa. Fes com ella i guanya-li terreny lentament, amb paciència i constància.

→ ***Cuida't***. Menja bé, descansa i fes exercici per mantenir el cos i la ment sans. No descuidis la teva higiene i procura també esforçar-te a l'hora de vestir-te per no sentir que t'has deixat.

→ ***Practica relaxació i meditació*** per ajudar-te a controlar els pensaments, la sensació de tristor i el desesper.

Has de confiar en tu, en la teva resiliència i demostrar-te que pots vèncer la depressió. No has de convèncer ningú de res ni aparentar estar millor del que et trobes, però no et rendeixis en cap moment i fes tot el que estigui a les teves mans per recuperar-te i per tornar a sentir la il·lusió dins teu.

Com deia Louise L. Hay, de vegades ens queixem que no guanyem la loteria però ens oblidem de comprar la butlleta. Quan tinguis una estona, ves a una administració de loteria i aposta al primer número o combinació de números que et vinguin al cap. No és una qüestió econòmica —tant de bo et toqui!—, sinó una manera de recordar-te que per millorar la teva situació actual has d'arriscar, acceptar els canvis, posar-hi alguna cosa per part teva i veure el futur amb il·lusió. Sort!

«Escribir es como hacer el amor. No te preocupes por el orgasmo, preocúpate del proceso».
— Isabel Allende

14
ESCRIU

La nostra ment tendeix a encadenar pensaments a gran velocitat i això ens dificulta tenir consciència real del que ens preocupa, ofusca, o fa sentir malament, però plasmar aquests sentiments en un full en blanc ens pot ajudar a aclarir les idees i a alliberar el dolor. I és que escriure és una de les maneres més eficaces i terapèutiques de canalitzar les nostres emocions.

No has tingut mai la sensació de voler explicar el que sents i no saber com expressar-ho? Doncs si en aquesta situació fas l'exercici d'escriure sense pensar en res més que en deixar fluir les paraules, possiblement ho veuràs tot molt més clar que assegut davant d'una persona disposada a escoltar-te. Amb això no vull dir que a partir d'ara en lloc de compartir els teus sentiments amb la teva gent et dediquis únicament a escriure'ls, són coses complementàries, però si bé el contacte personal té l'al·licient de gaudir d'una estona especial amb algú, posar per escrit allò que estem vivint i sentint ens facilita conèixer-nos millor i fer neteja. A més a més, sempre que hi ha un diàleg tendim a guardar inconscientment una part dels nostres sentiments per por del rebuig, de ser jutjats o simplement perquè no sabem com verbalitzar-los, així que és possible que escrivint t'exposis amb més llibertat.

L'escriptura terapèutica

No hi ha cap elecció correcta a l'hora d'escriure, ni tan sols un estil o un gènere pel qual t'hagis de decantar sempre que facis el que et demani l'instint, però un mètode molt efectiu quan parlem de desbloquejar i aclarir emocions és l'escriptura terapèutica. A part d'ajudar a minimitzar l'estrès i a prendre decisions, aquest tipus d'escriptura és una taula de salvament quan ens costa parlar d'alguns temes, ja que en posar-los per escrit evitem que s'enquistin i ens acabin perjudicant.

Perquè l'escriptura sigui terapèutica hem d'escriure sense pensar ni en el resultat ni en si el que diem és correcte, inclou paraules malsonants o té faltes d'ortografia. La idea no és publicar-ho ni ensenyar-ho sinó deixar brollar les emocions de manera natural sense censurar-nos ni condicionar-nos. Hem d'escriure amb fluïdesa i continuïtat, evitant que la por ens aturi o que algun tipus de bloqueig ens impedeixi continuar, i si veiem que arribats a un cert punt ens costa avançar ens aturem i ho tornem a intentar l'endemà per no insistir en aquelles qüestions que potser encara no estem preparats per exterioritzar.

L'escriptura terapèutica tampoc ha de tenir cap tipus de restricció, així que en no haver-hi cap interlocutor directe podem deixar de banda la vergonya i la por. Parlar lliurement del que guardem a dins requereix una mica de pràctica, per aquest motiu com més temps hi dediquis amb més facilitat et vindran les paraules. El que importa és el procés en el qual alliberes les càrregues emocionals que acumules, el moment en què et permets dir sense filtres el que t'ofega o et preocupa. Cal evitar pensar-hi massa, perquè quan ho fem comencem a censurar-nos i a voler suavitzar certs sentiments i per tant estem desaprofitant l'oportunitat de mirar dins nostre amb valentia i sense important-nos que el que hi veiem no sigui especialment bonic.

Si et condiciona o preocupa que algú llegeixi els teus pensaments, estigues tranquil perquè és recomanable que quan acabis d'escriure esborris l'arxiu si ho has fet a l'ordinador o estripis el full si has optat per fer-ho a mà. Desprenent-te dels textos també evitaràs encallar-te en certes emocions i afavoriràs deixar anar allò que d'altra manera t'acabaria fent mal, perquè en no tenir l'oportunitat de rellegir-los no confondràs sentiments que eren vàlids quan els vas escriure però que ara ja no ho són.

Encara que el propòsit és que escriguis el que et vingui al cap sense condicionar-te, cal que posis límits a la negativitat, així que si notes que mentre escrius trigues poc a lamentar-te, canvia d'activitat i torna-ho a provar quan et sentis més animat. Si no, et recrearàs un cop i un altre en el mateix i no avançaràs.

El fet de buidar el que guardem dins per escrit ens anima a buscar respostes o solucions i ens posa en una freqüència activa en què l'objectiu és passar a una altra etapa i donar entrada a noves i millors emocions. D'aquesta manera aconseguirem sentir-nos més lleugers i positius envers el que arribi a partir d'ara, perquè amb cada escrit estarem netejant el que ens feia mal.

El valor d'una llista

Un altre mètode per organitzar les idees o si més no per plasmar-les i així veure-les amb més claredat és fer llistes. No em refereixo a la llista de la compra, que tampoc és de gaire utilitat perquè la majoria de vegades ens l'acabem oblidant a casa, sinó a llistes a què puguis recórrer per sentir-te millor, per valorar els teus mèrits o fins i tot per ajudar-te a prendre decisions. Aquests són alguns exemples de llistes que podries afegir a la teva llibreta personal —ara que hi penso, arribat aquest punt crec que és evident que seria bo que tinguis un quadern que t'acompanyi en aquest viatge—:

→ ***Les teves virtuts:*** es tracta d'una llista imprescindible per millorar l'autoestima. Ja n'hem parlat anteriorment, però en aquest cas convindria que hi dediquis una mica més de temps i que en lloc de limitar-te a anotar una enumeració de virtuts hi afegeixis una explicació detallada de cada una.

→ ***Els mèrits dels altres:*** potser passes per un mal moment sentimental o has discutit amb algun amic o familiar. Si és així et pot anar bé escriure el que us uneix, les raons per les quals t'agrada l'altra persona i alguns moments que hagueu passat junts que valgui la pena recordar. Això t'ajudarà a revifar els millors sentiments i a apostar per resoldre qualsevol malentès, perquè quan ens centrem en el conflicte oblidem que més enllà d'una discussió puntual hi ha moltes raons per les quals mantenir una relació. Si no trobes arguments per omplir la llista també obtindràs una resposta clara.

→ ***Pros i contres:*** aquesta és la llista de les llistes, la més famosa i recorrent de totes. No sé si l'has utilitzat mai però realment és una manera molt clara de posar en una balança els arguments a favor i en contra d'una decisió. S'ha de saber llegir entre línies, però, perquè de vegades una columna està molt més plena però l'altra té raons de més pes. Quan hagis de prendre una decisió important pren-te el temps que et calgui per escriure aquells motius sincers pels quals la teva elecció et pot beneficiar o perjudicar. A més, amb aquestes llistes passa com quan llancem una moneda per prendre una decisió: que mentre és en l'aire ens adonem de cap a quin costat voldríem que caigués, i amb això obtenim la resposta que buscàvem abans que ens la doni l'atzar o, en aquest cas, la llista.

→ ***Projectes:*** en aquest apartat pots incloure un munt de llistes en funció dels teus gustos i passions. Les ciutats o països que t'agradaria visitar, vins que vols tastar o que t'han agradat, reformes i reparacions pendents a casa, llibres o pel·lícules o sèries que esperes llegir o veure, regals que se't acudeixen per a les persones que estimes perquè quan arribin dates assenyalades no hagis d'improvisar, receptes, capritxos que et regalaràs quan te'ls puguis permetre... Com pots veure la llista de llistes és interminable i el millor és que totes influiran molt positivament en la teva il·lusió i a mantenir-te actiu.

Fer llistes porta implícit un objectiu, ja sigui millorar alguns aspectes interns o fer plans a llarg o curt termini, i per això ens pot ajudar a sentir que no hem tirat la tovallola, que encara ens tenim molta feina per fer i per oferir.

Estimat diari...

És possible que en un dels teus primers aniversaris et regalessin el típic diari infantil amb el petit cadenat amb claueta. No sé si encara el guardes o si el vas arribar a omplir, però si en tens l'oportunitat llegeix el que hi vas escriure aleshores, potser t'ajudarà a conèixer millor la persona que solies ser, molt més connectada amb la seva essència i sense tanta por de mostrar-se.

Un diari és precisament això: un espai on convertir en paraules les nostres vivències i reflexions amb la tranquil·litat de no haver de pensar què diran els altres, perquè si no és que algú envaeix la teva privacitat és exclusivament per al teu propi us, per plasmar emocions que si no les posessis per escrit potser no les veuries tan clares o les acabaries oblidant amb el temps.

A diferència de l'escriptura terapèutica, que pot ser fins i tot caòtica si és això el que ens ve al cap quan tenim el bolígraf a la mà, en un diari habitualment s'hi escriu algun esdeveniment important del dia o les experiències viscudes durant un viatge; fins i tot, si es té l'habilitat, hi ha qui hi inclou il·lustracions o hi enganxa fotografies, tiquets, entrades... La idea és escriure'l per recuperar-lo anys després i reviure aquests moments des de la distància, redescobrint els sentiments que et van provocar i comprovant com has canviat des d'aleshores.

Tendim a recórrer al diari principalment en èpoques importants de la nostra vida, però estaria bé que com a mínim un cop per setmana ens asseguéssim a escriure-hi ja que, alhora que ens ajudarà a agafar perspectiva del que vivim, d'aquí uns anys ens alegrarà veure els nostres avenços o si hi ha qüestions que encara tenim pendents de resoldre en l'aspecte emocional.

Et queda molt per escriure

En altres capítols del llibre veuràs que et proposo escriure com a recurs per alliberar el sentiment de culpa, cuidar les teves relacions o visualitzar com t'agradaria que fos el teu present, però no puc deixar de banda el fet que a part d'una eina terapèutica escriure és també una manera d'alliberar i fomentar la nostra creativitat.

Estic convençuda que tots tenim una llavor artística al nostre interior, de fet de petits ens fèiem farts de fer dibuixos i redaccions «lliures» (així en deien a l'escola), i seria ben trist desaprofitar l'oportunitat de donar ales a aquest talent inexplorat si pel motiu que sigui hem acabat anul·lant aquesta faceta de la nostra personalitat.

No cal plantejar-se l'escriptura creativa amb l'objectiu d'arribar a publicar els nostres escrits algun dia —si acaba sent així encara millor—, sinó amb la intenció de gaudir del procés de crear des del no-res alguna cosa que per a nosaltres sigui important.

Pensa què t'agrada llegir i si hi ha algun tema que et ressoni especialment, i aleshores dona-li la forma que vulguis sense preocupar-te pel resultat. Potser acabaràs escrivint una sèrie de poemes, un blog *on-line*, una novel·la, un relat breu, haikus o la biografia d'un avantpassat. Escriu el que et vingui de gust sense posar límits a la teva creativitat, mentre escriguis des de la sinceritat i dedicant-hi el millor de tu segur que et sorprendrà i qui sap si un dia t'animaràs a compartir-ho amb algú de confiança.

Tingues sempre a mà una llibreta per anotar-hi idees, pensaments, dubtes, fer-hi dibuixos o qualsevol cosa que et passi pel cap. No saps mai en quin moment t'arribarà la inspiració o trobaràs resposta a algun dubte que has arrossegat durant temps.

«La ira és un àcid que pot fer més mal
al recipient en què s'emmagatzema que
a qualsevol cosa on s'aboca». — Mark Twain

15

ENRABIA'T

Encara que no sigui una de les emocions més ben acollides socialment, és totalment lícit estar enfadat. De fet, és recomanable que de tant en tant ens permetem expressar en veu alta que estem bastant farts d'encadenar disgustos o decepcions i que el que ens ha passat ens sembla una merda. Així de clar, perquè ja passem massa temps acceptant estoicament les coses com són i aparentant que ho portem amb una certa dignitat, per no donar sortida a la ràbia que això ens genera.

Des de petits ens ensenyen a ser prudents i correctes per encaixar i no ser rebutjats, però la ràbia és un sentiment bàsic que hem d'exterioritzar si no volem que ens acabi boicotejant. No podem ocultar constantment la ira que acumulem perquè si no ens passarà el mateix que quan intentem submergir una pilota a l'aigua, que com més pressió fem per empènyer-la cap al fons amb més força surt disparada quan la deixem anar i més grosses són les esquitxades.

Quan estem permanentment irascibles i saltem a la primera de canvi és perquè no hem gestionat bé la ràbia, per tant, cal que l'alliberem tan bon punt comencem a sentir aquella escalfor interior que ens anuncia que ja ha arribat. Si no la canalitzem a temps, acabarà afectant la nostra capacitat per resoldre problemes, la manera com ens expressem emocionalment i, com és de suposar, les nostres relacions. Enfadar-se està bé, és normal, el que hem de fer és controlar com reaccionem davant d'aquest sentiment i evitar que el nostre comportament envers els altres esdevingui agressiu, perquè si no encara ens sentirem pitjor tant pel fet d'haver-nos desfogat desmesuradament com per haver mostrat una versió de nosaltres amb la qual no ens identifiquem.

Alliberar la ràbia

Les reaccions fruit de la ira són, al cap i a la fi, el producte del que interpretem com una amenaça o un greuge. En sentir-nos atacats o ofesos, el nostre cos reacciona accelerant el pols, alterant la respiració i tensant la musculatura, i a partir d'aquí tenim un comportament més agressiu de l'habitual. Tant si es tracta d'un fet puntual com si és el resultat d'acumular experiències que ens resulten irritants, pot donar peu a una pèrdua de control dels impulsos en un moment de conflicte. Si es produeix una reacció aïllada no hi hem de donar gaire importància, sempre que l'exterioritzem amb mesura i sense fer mal als altres, però quan qualsevol situació ens fa saltar o associem sovint el nostre pensament amb aquest sentiment d'ofensa i ira ens hem d'aturar a analitzar-ho per buscar-hi solucions.

Si no deixem anar la ràbia regularment ens acabarem convertint en una bomba de rellotgeria que tard o d'hora esclatarà i provocarà conseqüències desagradables tant per a nosaltres com per a les persones properes. Per fer-ho podem seguir una sèrie de pautes que ens ajudaran a gestionar, eliminar i prevenir aquesta ira frustrant:

→ ***Accepta que estàs enfadat.*** Necessitem prendre consciencia de la nostra ràbia i acceptar-la, perquè d'aquesta manera estarem validant els nostres sentiments i podrem trobar l'arrel del problema de cara a fer-hi front.

→ ***Identifica què és el que et fa estar empipat.*** Si cal posa-ho per escrit, així entendràs què et passa i veuràs que els teus sentiments estan justificats pel que tu consideres raons de pes.

→ ***Observa el teu cos.*** La ira sol anar precedida d'una reacció corporal, així que reconèixer com se t'altera la respiració, el pols i la musculatura serà un pas important per aprendre a controlar-la.

→ ***Expressa't.*** Davant d'una situació tensa t'has de prendre el temps que et calgui per dir què sents. En cas de discussió, escolta l'altra persona sense estar només pendent del que respondràs, i digue-hi la teva mantenint les formes. Parla també amb algú de confiança dels motius pels quals darrerament tot et molesta.

→ ***Resol els conflictes que et generen la ràbia.*** És el moment d'actuar, no podem quedar-nos permanentment repassant allò que desperta la nostra ira, així que planifica maneres de posar-hi remei. Si és algun desacord amb una persona propera troba el moment per aclarir-ho, i si és un problema personal mira com pots canviar la situació. Procura eliminar el que et fa enrabiar del teu dia a dia perquè no et continuï generant malestar ni enverinant per dins.

→ ***La distància pot ser necessària.*** Quan vegis que has acumulat tant que podries esclatar, et convindria allunyar-te una estona per evitar un conflicte més gran. Compta fins a deu abans de reaccionar malament i evitaràs batalles en les què hi tens més a perdre que a guanyar. També és recomanable distanciar-se temporal o definitivament d'aquelles persones amb les quals tot és una font constant de discussió.

→ ***Valora la importància real d'allò que et provoca ràbia.*** És possible que l'estrès i les preocupacions et facin magnificar qüestions que en altres circumstàncies no et molestarien tant, de manera que mira-ho amb una certa perspectiva i no t'ofusquis pel que no té importància.

→ ***Pensa en les conseqüències de les teves accions.*** Has de tenir en compte que el teu comportament no només t'afecta a tu sinó també les persones que t'envolten. No dubto que tens motius per estar emprenyat però si això afecta els altres n'has de ser conscient, veure el dolor que els causa la teva actitud i solucionar-ho.

→ ***No et vegis com un perdedor respecte dels altres.*** Potser les coses no han anat com esperaves però sempre ets a temps de canviar-ho. L'èxit i el fracàs són molt relatius i vivint amb frustració només acumularàs més ràbia.

→ ***Descansa bé.*** Quan no dediquem al descans les hores necessàries estem més irascibles de l'habitual. Si no has passat una bona nit evita discutir, perquè segurament saltaràs per tot i no serà just ni per a tu ni per als altres.

→ ***Demana ajuda si veus que la cosa se te'n va de les mans.*** Hi ha professionals de la psicologia especialitzats en el control de la ira i l'agressivitat que et poden ajudar a reconduir aquesta tendència.

Créixer implica una feina constant, i les nostres emocions passen per diferents etapes que no sempre comprenem o que no sempre encaixen amb la manera com solíem ser. Segurament has viscut experiències que han despertat sentiments que solies tenir adormits, però si darrerament la ràbia s'ha fet el seu propi lloc al teu interior has de plantar-li cara perquè a qui més perjudica és a tu. Sé que no vols convertir-te en una persona amargada i irritable i que aquesta idea et genera rebuig, així que pensa que poc que t'agrada veure't perdent els papers i utilitza la imatge mental de com ets quan t'alteres per convèncer-te que has de fer l'esforç de vèncer la ràbia.

Com exterioritzar la ràbia

Si volem evitar estar permanent tensos i molestar-nos per qualsevol nimietat, cal que mirem endins i comprenguem què motiva i desencadena la nostra ràbia. Més enllà d'algun malentès ocasional amb algú, segur que si analitzem amb calma els nostres pensaments trobarem l'arrel d'aquest sentiment. Aquí roman la clau per poder canviar, però també necessitem una sèrie de recursos per passar a la part pràctica d'exterioritzar tota la ràbia reprimida. A més, no sempre es poden canviar les circumstàncies que ens generen aquest sentiment, així que tot allò que puguis fer per alliberar-lo et mantindrà més estable i et farà menys propens a perdre els papers.

Com hem dit abans, el primer pas és parlar-ne, relativitzar els problemes i convertir els impulsos d'agressivitat en discussions civilitzades o en converses que no resultin feridores, però si malgrat els esforços continues sentint dins teu una frustració latent que no saps com gestionar perquè no la reconeixes com a pròpia, hi ha diverses coses que pots fer-hi. L'esport, la respiració conscient i els exercicis de relaxació t'ajudaran a descarregar tensions, així que tan bon punt notis que tot et molesta, activa't i cansa't per no tenir forces ni per estar emprenyat. Mimar-te també et farà entrar en un estat de benestar capaç de recordar-te que no val la pena deixar que res pertorbi la teva pau interior. De totes maneres, quan notis que emmagatzemes més ràbia de la que voldries i que res del citat anteriorment t'és suficient, potser és l'hora de buscar alternatives més originals per dir-li adeu definitivament:

→ ***Crida:*** La ràbia se sol acumular a la gola, per això quan no expressem el que sentim de vegades ens quedem afònics o perdem la veu del tot. Per alliberar-la ens pot anar molt bé cridar amb totes les nostres forces, però com que no és qüestió de crear situacions incòmodes amb els veïns ni de disparar alarmes, convé buscar un entorn on puguem cridar a ple pulmó sense espantar ningú. La muntanya, un descampat o la platja en hores solitàries són escenaris perfectes per deixar anar aquests crits de descàrrega, i a més el mar també t'ofereix la possibilitat de cridar sota l'aigua. Si aquestes opcions no et resulten viables agafa un coixí per amortir el teu crit i deixa't portar. En el cas que et surtin paraules mentre crides no les reprimeixis, poden donar-te noves pistes sobre allò que t'està fent mal.

→ ***Trenca coses:*** A qui no li ha passat pel cap la idea de trencar gustosament una vaixella? El problema és que després caldria recollir-la i que el cost seria massa elevat si cada cop que ens emprenyem ens dediquem a desfer-nos del parament de la llar. A les bodes gregues trenquen plats com a auguri de felicitat, però si l'impuls que hi ha al darrere és la ira és millor buscar alternatives menys violentes. Per això, quan et sentis especialment rabiós aprofita per fer neteja de documents i estripa'ls amb ganes, compra paper de bombolles per petar-les amb tota la intenció, o busca roba vella que no serveixi ni per donar i estripa-la amb les teves pròpies mans. Com que es tracta de pensar que mentre trenques algun objecte estàs deixant enrere la ràbia acumulada per sentir-te més lleuger, procura no trencar res que després lamentis.

→ ***De cara a la paret:*** No saps el plaer que dona tenir una paret al davant a la teva disposició sense haver-te de preocupar de res més que d'enderrocar-la.

Fa uns anys vaig tenir l'oportunitat d'anar a un edifici en runes a desfogar-me. La veritat és que em va agafar de sorpresa i quan em van entregar la maça i em van indicar el meu objectiu vaig reaccionar amb una barreja d'intriga i d'escepticisme, sense oblidar que també vaig pensar que devia estar fatal si algú considerava que necessitava tirar parets a terra. Però com que m'agrada deixar-me portar i em semblava tot un detall que m'haguessin organitzat una cosa tan especial no vaig trigar gaire a clavar-hi el primer cop. De l'experiència en vaig treure diverses conclusions molt personals, però n'hi ha dues que trobo important compartir: la primera és que la maça pesa molt més del que sembla als programes de reformes, i la segona és que estava molt més emprenyada del que m'imaginava. Estava enfadada i rabiosa amb la vida, amb persones que creia que m'havien fallat i especialment amb mi mateixa per no estar reaccionant com em mereixia, de manera que sé que em va resultar catàrtic exterioritzar la meva ràbia i impotència.

Per tant, sense posar en risc la teva integritat física ni envair cap propietat privada, si tens l'ocasió busca una paret on desfogar-te i fes-ho sense pensar en res perquè les imatges vindran soles. Ja hem dit que cridar també ajuda, així que acompanya cada cop d'un crit i expressa lliurement els teus sentiments sense jutjar-te.

→ ***Artísticament:*** L'art és una manera excel·lent d'expressar sentiments, i en el cas de la ira o de la ràbia pot ser una vàlvula d'escapament molt útil. Agafa un llenç blanc, un tros de fang o els elements necessaris per fer una escultura, l'instrument que sàpigues tocar o enganxa't al teclat del teu ordinador i crea el que cos i ment et demanin. Exterioritza el que sents a través de cada pinzellada, cisellada, nota o paraula. Com va dir l'actriu Carrie Fisher, «agafa el teu cor trencat, converteix-lo en art».

→ ***El sac de boxa:*** En el cas que puguis disposar d'un dels famosos sacs amb què s'entrenen els que practiquen boxa o arts marcials, aprofita una estona en què ningú l'utilitzi per clavar-li uns quants cops de puny i de peu per desfogar-te. En un primer moment no hi trobaràs la gràcia, et farà vergonya o no entendràs què estàs fent, però com a mínim acabaràs cansat per l'esforç i a mesura que ho repeteixis et resultarà tan gratificant com esgotador.

→ ***Canta:*** Tot i que cantar entraria dins l'apartat artístic, li he volgut dedicar un espai a part perquè encara que és un recurs per descomprimir tensions d'allò més accessible, ens frenem massa sovint de fer-ho per vergonya. Allò de «qui canta els seus mals espanta» no és només una frase feta, així que independentment de les teves dots vocals canta sempre que puguis per deixar anar no només sentiments negatius com la ràbia o el dolor sinó per impregnar-te de bones energies. Canta al cotxe, a la dutxa, en un karaoke, mentre fas esport, a casa o quan surtis de festa, canta on sigui i sempre que puguis i no t'oblidis de somriure de tant en tant mentre ho fas. Si hi incorpores el ball, l'experiència et resultarà doblement alliberadora.

Fes tot allò que t'ajudi a reduir els teus nivells de frustració i impotència, així evitaràs que la ràbia s'apoderi de tu i intoxiqui el teu caràcter fins al punt de no controlar algunes de les teves reaccions. Sigues imaginatiu, pren-t'ho com un joc si això t'ajuda, i inventa maneres d'alleujar tensions sense fer-te mal ni fer mal a la teva gent.

El destinatari equivocat

Sota cap circumstància ens hem de permetre descarregar la ràbia sobre algú en concret. Tenim tot el dret d'emprenyar-nos amb qui ens ha ferit o creiem que no s'ha comportat correctament, però abans d'arribar a l'extrem de sentir ira envers aquella persona hem de fer el possible per aclarir les coses.

No deixis que les relacions es compliquin fins al punt de no suportar la presència d'algú o d'esclatar per qualsevol motiu, perquè al final es convertirà en una relació tòxica i no val la pena. Parla, troba la manera de resoldre qualsevol malentès, i si per les raons que sigui ja no hi ha res per salvar, és millor apartar-se que allargar una relació que generi més dolor que benestar.

La violència no només és física, i quan es tracta de violència verbal la ràbia en sol ser el teló de fons. Ningú no esclata si no acumula frustracions o dolor, però en qualsevol cas no pot ser mai una raó per fer mal a ningú.

No utilitzis el que et passa per justificar una mala resposta o una reacció exagerada, perquè sempre trobaràs una excusa per acompanyar la disculpa posterior: «Perdona'm, és que tinc un mal dia», «perdona, és que no estic passant un bon moment», «perdona, però soc així» són maneres de justificar el que no s'hauria de justificar. Procura que el teu comportament envers els altres no depengui de com et sents, especialment en èpoques en què tens la pell molt fina, perquè els que t'envolten no tenen la culpa del que t'està passant i possiblement les persones que reben més les conseqüències de la teva ràbia són precisament les que t'estan recolzant més.

Així que quan creguis que ho tens controlat, que quan la situació canviï ja no et sentiràs tan enfadat i tot tornarà al seu lloc, pensa si mentre això no passa estàs fent mal a algú amb la teva actitud. Si aquest és el teu cas, potser és un argument més que suficient perquè ho resolguis, i perquè si fins ara no ho has fet per tu ho facis com a mínim per les persones que estimes.

Per descomptat, no permetis que els altres et tractin com no et mereixes. Potser et sents més feble de l'habitual o no tens l'autoestima en plena forma, però no pots tolerar que et parlin malament o que et menyspreïn. Ja que fas tot el possible per respectar els altres i per tenir en compte els seus sentiments, reclama també que se't respecti com és degut. Si algú et falta al respecte o perd les formes evita que et porti al seu terreny i procura parlar des de la calma per fer-li saber que t'està ferint. Tots podem tenir un mal dia, però si sents que hi ha qui constantment no et tracta ni et valora com cal no dubtis d'allunyar-te'n. Estàs fent un gran treball per netejar aquells sentiments que no et convenen, així que no acceptis com a vàlid allò que no et permets a tu mateix.

Agafa un full en blanc i un bolígraf. Comença a ratllar-lo mentre penses en aquelles coses que actualment et fan sentir malament. Deixa que el bolígraf es mogui amb la velocitat i la força que necessiti. Connecta amb el gargot que va apareixent al paper i continua fins que sentis que has acabat.

Aquí tens una imatge de la teva ràbia. Ara, deixa-la marxar.

«Si no t'agrada com estan les coses, canvia-les!
No ets un arbre». — Jim Rohn

16
SUA

Siguem sincers, no cuidem el nostre cos com es mereix, de manera que amb una mica de sort només ens hi esforcem després d'alguns excessos, abans de la temporada estiuenca o per motius de salut. I no, no n'hi ha prou.

Un osteòpata —al qual, evidentment, vaig anar quan ja tenia dolor en lloc d'anar-hi per prevenir-lo— em va dir fa anys que el cos és com una guardiola i que tot allò que hi invertim ens acabarà donant beneficis. Aleshores no vaig seguir el seu consell al peu de la lletra, així que després d'unes quantes setmanes fent bondat vaig acabar posposant la idea d'estalviar per a un futur hipotètic. Em vaig tornar a incorporar a la dinàmica general de fer el mínim per no sentir-me culpable, fins que va arribar la tempesta i vaig entendre que per recuperar-me havia de cuidar-me en tots els sentits. Ja ha passat bastant temps, i avui dia puc afirmar que tot i que al principi vaig ser tan irregular com el meu estat anímic, haver mantingut el propòsit de fer exercici regularment és una de les millors decisions que he pres.

Fer exercici ajuda a aclarir les idees, a desconnectar, a alleugerir tensions i sobretot a marcar-se objectius personals i a posar a prova la nostra constància. És per això que, més enllà dels enormes beneficis que suposa per a la nostra salut, considero que és tan important fer l'esforç de suar la samarreta.

Que fa mandra és innegable, per això tants gimnasos reben mensualment les quotes de socis que ni tan sols recorden que hi estan inscrits, però quan superes aquell moment en què qualsevol cosa és més temptadora que posar-te el xandall, t'estàs demostrant que tens una força de voluntat traslladable a altres àmbits de la teva vida. I la recompensa més immediata és la sensació tan reconfortant i motivadora que es té en finalitzar una sessió d'exercici, aquell somriure que se'ns dibuixa al rostre quan pensem que hem vençut totes les excuses que havíem sospesat per quedar-nos al sofà i que ens sentim francament bé.

Així com hi ha aspectes de les nostres vides que sovint se'ns escapen de les mans, tenim el poder de decidir si volem cuidar o no el nostre cos com es mereix, o més ben dit, com ens mereixem. Per fer-ho és requisit indispensable posar-hi alguna cosa de la nostra banda, no posposar res que depengui de nosaltres per sentir-nos bé, i ser honestos amb l'esforç que hi invertim en lloc d'esperar resultats òptims quan no ens hi impliquem com caldria. És francament temptador justificar que no estem en forma perquè tenim altres preocupacions o prioritats, però arriba un moment en què hem de deixar d'autoenganyar-nos i assumir que només nosaltres podem encarrilar-nos en el camí de la superació. Cuidar-nos és una manera de dir-nos que ens estimem —encara que al principi ho fem amb la boca petita— i aquesta ha de ser motivació suficient. A més, si som constants cada cop ens serà més senzill complir el nostre propòsit.

Les endorfines

Al capítol dedicat a caminar et parlo de les raons per les quals resulta tan saludable físicament i mentalment, així que tenint en compte que aquests beneficis són aplicables a qualsevol tipus d'exercici et convido a revisar-los per veure de quina manera cremar unes quantes calories t'ajudarà a sentir-te millor. Com més intensitat i més temps hi dediquis més afavoriràs el cos i la ment, però el més important és tenir la intenció i fer-la realitat un mínim de dies a la setmana.

Si la llista de recompenses que suposa practicar algun esport no et sembla prou estimulant per passar a l'acció, pensa també com et millorarà l'autoestima quan comencis a sentir-te en forma i et demostris que acompleixes els teus objectius. Que encara et pesa més la mandra que aquests arguments a favor de fer exercici? Doncs deixa que et parli de les endorfines, potser et convenceran.

Les endorfines són uns neurotransmissors que, entre altres coses, s'encarreguen de fer-nos sentir benestar i felicitat. Una manera d'augmentar el nostre nivell d'endorfines és precisament fer exercici, perquè n'estimula la producció. Ja estàs fent els escalfaments? A veure si això t'acaba d'animar:

Les endorfines...
... creen un estat de benestar
... milloren el sentit de l'humor
... promouen la calma
... redueixen el dolor
... endarrereixen el procés d'envelliment
... reforcen el sistema immunològic
... disminueixen l'ansietat o els seus símptomes
... abaixen la pressió sanguínia

És cert que per augmentar el nivell d'endorfines també podem menjar xocolata, prendre el sol, meditar, riure, ballar o escoltar música, però amb l'exercici, especialment si és intens o de llarga durada, mantenim alta la seva producció i a més a més ens beneficiem no només de les seves propietats i de les que ens reporta fer esport sinó també dels altres aspectes que hem comentat i que tenen més a veure amb posar a prova la nostra resiliència i força de voluntat. És lògic, per tant, que com més exercici practiquem millor ens sentim, perquè les endorfines també augmenten la nostra energia, la confiança en un mateix, els ànims i ens fan entrar en un estat de positivisme que ens dota de la fortalesa necessària per combatre allò a què ens estiguem enfrontant.

Quan gaudir de la vida o sentir una relativa alegria ens resulta especialment difícil, és possible que tinguem els nivells d'endorfines baixos i que per això ens costi tant apreciar o valorar el que en un altre moment ens faria ben feliços. El pitjor és que les persones amb poques endorfines pateixen més que la resta pels revessos de la vida, els costa superar-los amb facilitat, ploren sovint, se senten tristes i solen evitar la intimitat o la confrontació per por del dolor. Per això la meva insistència que suïs, perquè és la millor garantia de produir-ne i de retruc estaràs plantant la llavor per a un demà en què et sentiràs en plena forma en tots els sentits.

Exercici per a totes les butxaques

Sortir a caminar és un dels millors exercicis que pots practicar, però de vegades no n'hi ha prou per alliberar la tensió acumulada o recuperar la figura. Tu coneixes el teu cos, les seves necessitats, les seves limitacions i també les teves preferències, per tant, escull algun esport que t'agradi o combina diferents disciplines per fer les sessions més amenes i alhora treballar diversos aspectes del teu físic.

El ritme també l'has de marcar tu, si fa temps que no practiques cap esport possiblement estaràs una mica rovellat i et costarà aguantar gaire estona, així que pren-t'ho amb calma, ja aniràs augmentant gradualment el temps i la intensitat dels exercicis en funció de com respongui el teu cos.

A l'hora de posar-se o de mantenir-se en forma els diners potser faciliten les coses, però no són imprescindibles; sempre ens podem adaptar a les nostres circumstàncies per no convertir-ho en una excusa per quedar-nos a casa. Pots suar de maneres molt variades, i com ja veuràs algunes de les que no costen res són les més atraients:

...amb diners

→ ***Gimnàs:*** Inscriu-te al gimnàs i ves-hi. No serveix de res que paguis la quota per evitar tenir mala consciència, el que importa és que et marquis uns dies a la setmana per anar-hi. Un cop allà comença suau, ves a alguna classe si et ve de gust, deixa't assessorar pels monitors i segueix el teu propi ritme sense comparar-te amb ningú. El fet de tenir un espai on practicar exercici t'ajudarà a sortir, a trencar la rutina i també t'oferirà l'oportunitat d'utilitzar les instal·lacions per fer-te un entrenament a mida.

→ ***Centres de ioga o pilates:*** Si no ets gaire de gimnàs o al que estàs apuntat no tenen classes dirigides de ioga o de pilates, pots buscar algun centre on puguis practicar alguna d'aquestes modalitats. Es tracta de tècniques en què també hi ha un treball interior important, així que els beneficis són d'allò més complets. Si al teu gimnàs en fan classes procura combinar-les amb les màquines o amb altres sessions de tipus aeròbic, t'anirà bé el contrast de l'exercici cardiovascular amb els estiraments i la relaxació.

→ ***Dansa:*** Una manera de fer exercici i divertir-se alhora és practicant algun estil de dansa. Si no t'agraden les màquines i els gimnasos, et pots apuntar a cursos de dansa i així aprendràs nous moviments per practicar el proper cop que surtis. Hi ha classes individuals, per parelles i de totes les modalitats possibles, així que tens moltes opcions per escollir.

→ ***Piscina:*** Nedar és un dels esports més complets i es pot practicar durant tot l'any gràcies a les piscines a l'aire lliure i cobertes. La majoria de ciutats i pobles en tenen alguna de pública a un preu raonable, i si no també hi ha gimnasos amb piscines a les seves instal·lacions. Nedar es pot convertir en el teu mètode d'entrenament o en un complement a les teves sessions acabant amb l'agradable sensació que es té dins l'aigua. Per cert, no descartis l'opció de l'aquagym, perquè encara que creguis que és exclusiu per a la gent gran et sorprendrà la intensitat del treball que es fa durant una classe.

→ ***Entrenador personal:*** Si saps que ara mateix la força de voluntat no és el teu fort i creus que et pot anar bé, una manera de practicar esport és buscar un entrenador personal que et doni les pautes per posar-te en forma i et dirigeixi les sessions individualment. En marcar una o vàries cites setmanals, tindràs l'obligació d'activar-te i algú al teu costat que t'animarà a continuar avançant.

...sense diners

→ ***A l'aire lliure:*** No és imprescindible anar al gimnàs per fer esport. Pots sortir a caminar, a córrer, anar en bicicleta (si no en tens demana'n a algú), patinar... També hi ha parcs amb alguns aparells destinats a fer exercici, així que com veus tens moltes opcions per posar-te en forma, i alhora t'anirà bé que et toqui l'aire. Que la climatologia no et freni, hi ha roba d'esport per a totes les estacions de l'any, i fins i tot sota la pluja és d'allò més estimulant fer exercici.

→ ***Esport online:*** Si vols practicar ioga, pilates, els tan de moda entrenaments d'alta intensitat o et crida l'atenció aprendre zumba però no et pots permetre anar al gimnàs, busca vídeos a la xarxa i fes les classes de manera virtual a casa. Veuràs que n'hi ha de tot tipus, de manera que et resultarà impossible avorrir-te. Tot el que necessites és roba còmoda, un espai on moure't sense trencar res i marcar-te una rutina per no deixar-te portar per la temptació d'ajornar-ho per a l'endemà.

→ ***Banyar-te al mar:*** La meva fòbia als taurons no em permet optar per aquesta opció, però si l'Spielberg no t'ha arruïnat la possibilitat de nedar a mar obert i tens un platja a prop, no perdis l'ocasió d'anar-hi. A més, les propietats de l'aigua salada i del sol et resultaran d'allò més saludables.

→ ***Ballar:*** Encara que no siguis la reina o el rei de la pista i ara mateix no puguis pagar una acadèmia on aprendre nous moviments, pots fer molt exercici si et poses música que t'agradi i et deixes portar. Fes teva la frase de «balla com si no t'estigués mirant ningú» i gaudeix en solitari o en parella sense posar límit al que el cos vulgui expressar.

→ ***El sexe:*** Una bona i intensa sessió de sexe es pot convertir en la millor manera de suar. Aquí no s'hi val mostrar-se passiu ni mandrós, sinó tot el contrari: cal provar nous moviments, dedicar-hi una bona dosi d'energia i passió i caure rendit després d'entregar-se amb totes les ganes.

Només pendent de tu

En la pràctica de l'esport hi entren en joc les inseguretats físiques de cadascú, i per això és important que quan vagis a fer exercici et centris únicament en tu i en els teus avenços. El teu cos anirà responent i indicant-te el camí que et cal seguir, de manera que estigues atent per saber si necessita més intensitat o abaixar una mica el ritme fins que estiguis més en forma. Procura anar sempre una miqueta més enllà i que la sessió sigui conscient i ben aprofitada, però fes-ho per tu i no pel que se suposa que has de demostrar.

Has d'evitar comparar-te amb les persones amb qui et creuis perquè la teva prioritat ets tu i, a més, les aparences sovint enganyen. Si fas esport és per millorar els aspectes que consideres que et convé millorar independentment del que facin els altres, per això t'has de marcar els objectius sense mirar de reüll què fan les persones amb qui coincideixis o el que et diuen coneguts més acostumats a practicar exercici. Quan et deixis aconsellar, que sigui per experts en la matèria, i procura no fer gaire cas de les fotografies de les xarxes socials perquè sovint no són un retrat fidel de la realitat.

Pel que fa a la indumentària, sempre hi haurà algú amb un equipament millor o més a la moda, però això no és cap desfilada, així que posa't la roba còmoda que tinguis, un bon calçat per no lesionar-te i passa de tot el que no tingui a veure amb el teu propòsit de superació personal.

No t'oblidis de portar una ampolla d'aigua i d'incloure a la bossa tot allò que puguis necessitar en funció de l'activitat escollida. Si practiques esports una mica monòtons t'ajudarà tenir a mà música o uns auriculars per connectar-los a les màquines del gimnàs que disposin de ràdio i televisió. Com que tot entreteniment és poc quan camines a la cinta o vas en una bici estàtica, també pots endur-te un llibre o aprofitar per posar-te al dia amb les trucades i correus electrònics pendents.

El que costa més quan prenem la decisió de fer exercici són els primers minuts, aquells en què una veueta interior ens repeteix que estaríem més de gust a casa o que no passa res si avui en fem una sessió *express* i acabem abans del previst. Has de fer l'esforç de no fer cas d'aquesta veu, de respirar fons i seguir una estona més fins que ja comencis a sentir els beneficis de practicar esport i les endorfines comencin a fer el seu efecte. Hidrata't constantment, cuida l'alimentació per no anar curt de recursos, i cada cop que acabis un entrenament felicita't per haver assolit aquest nou repte i per no haver cedit a la temptació de deixar-ho per a un altre dia.

Ja fa estona que estàs assegut llegint i el cos necessita una mica d'activitat. Tanca el llibre i estira't, balla, salta, surt a caminar, a córrer o aprofita per inscriure't al gimnàs i comença avui mateix.

«El perdó cau com la pluja suau des del cel
a la terra. És dues vegades beneït;
beneeix a qui el dona i a qui el rep».
—William Shakespeare

17
PERDONA('T)

Tenim tal tendència a viure des d'un sentiment permanent de culpa que fins i tot hi ha una categoria de plaers considerats culpables perquè se suposa que ens hauríem de sentir malament per gaudir-ne com en gaudim.

Ens culpem per cometre errors més o menys importants, per ser tan perfeccionistes, per no saber expressar els nostres sentiments en qualsevol circumstància i de la millor manera, per parlar massa, per no encaixar amb com se suposa que hauria de ser la nostra vida a certa edat, per tenir una vida millor que la de la resta, per no poder complir sempre la nostra paraula, per demanar un cert compromís, per no tenir el cos ideal, per no importar-nos el que pensin els altres del nostre físic, per no treballar prou, per dedicar massa hores a la feina en detriment de la vida privada, per oblidar una data important, per reclamar una mínima atenció dels nostres, per estimar lliurement, per no entregar-nos a l'amor sense fre, per descontrolar-nos una mica en una nit de festa, per no sortir gaire de casa... fem el que fem ens sentim responsables d'haver causat danys que en la majoria d'ocasions o ni tan sols són reals o en tot cas ens perjudiquen principalment a nosaltres mateixos. Per si no fos prou càstig, a això hi hem de sumar que l'esforç que hi ha al darrere de cada gest s'ha deixat de valorar com es mereixeria.

No és estrany aleshores que quan aquesta culpabilitat mal apresa gairebé en néixer topa de front amb una experiència dolorosa o traumàtica la culpa es magnifiqui fins al punt que acabem creient que hem causat tot allò dolent que passa al nostre voltant. I aquest és un pes extremadament difícil de carregar.

Evidentment que hem comès i cometrem moltes equivocacions al llarg de la nostra vida i que ens n'haurem de disculpar sempre que ens sigui possible, però no podem castigar-nos per allò de què no som responsables i pel qual ens acusem injustament.

Si hem fet mal a algú, si hem comès un error, si hem trencat alguna cosa o el que sigui que ens fa sentir malament, no serveix de res lamentar-nos i fustigar-nos en silenci. El que hem de fer és disculpar-nos, arreglar la situació o buscar una manera de compensar-ho, i finalment alliberar la culpa que carreguem. El problema són les qüestions que no es poden resoldre amb una conversa, amb una restitució o amb un ram de flors, perquè quan això passa tampoc trobem la manera de deixar anar la culpa i ens acaba afectant negativament.

Algunes eleccions personals, decisions complicades o sentiments que no sabem com explicar ens poden causar aquest sentiment de culpa, però no hem de permetre que ens ofegui fins al punt d'impedir-nos ser feliços. Hem de partir de la creença que —encara que uns hi posin més de la part seva que altres— tots ho estem fent el millor que podem o que sabem, i que si la nostra manera de ser, d'entendre la vida o els nostres actes han causat mal a algú o ens han afectat a nosaltres mateixos, l'única manera de poder passar pàgina i tirar endavant és perdonant-nos. I perdonant.

Perdonar i deixar anar

Així com la culpa és d'allò més perjudicial per a la nostra salut mental i física, el ressentiment envers els altres tampoc és precisament un bàlsam. Com més anys passen més ferides acumulem de persones que ens han fet mal voluntàriament o involuntàriament, però si no aprenem a perdonar carregarem una motxilla massa pesada per avançar en pau.

És l'hora de trencar amb tot allò que no t'aporta res de positiu, i la culpa i el rancor han de ser al capdamunt de la teva llista de neteja. De què et serveix castigar-te si no aprens dels errors? I viure amb l'amargor de pensar en tot el mal que t'han fet? De res, efectivament. Per tant, encara que sigui només per tu i pel teu propi benestar, perdona't els errors que hagis comès per no enverinar-te amb la culpa i perdona els qui t'han ferit per no arrossegar el ressentiment. Després ja decidiràs què has de canviar o si val o no la pena mantenir certes relacions, però ara el principal és no allargar la presència d'aquests sentiments tan negatius.

Si el perdó ha de ser envers tu mateix, valora si és possible que t'estiguis castigant perquè t'exigeixes més del que exigiries als altres. Procura no jutjar-te tan durament perquè ja has patit prou, tingues la compassió que tindries amb les persones que t'estimes i fes de l'aprenentatge la millor resposta per no tornar a cometre els mateixos errors. Castigar-se sense posar-hi remei és només una manera de compadir-nos sense afrontar les nostres flaqueses, així que reacciona i demostra't que ets millor que la pitjor de les teves faltes.

Quan es tracta de perdonar els altres, hi haurà persones que ens serà una mica més difícil de perdonar que d'altres. Dependrà del greuge, de com et fessin sentir, de la seva reacció posterior i del vincle que us uneixi, però si et serveix d'ajuda intenta pensar que la seva manera d'obrar és fruit de les seves mancances, i que també tu en algun moment has actuat equivocadament i has agraït que els altres acceptessin les teves disculpes. Tinguis o no l'ocasió de parlar cara a cara amb la persona que t'ha ferit, allibera el ressentiment perquè a qui perjudica més és a tu. Potser no t'arribaran mai les disculpes, però la veritat és que en el fons no les necessites quan prens la decisió de perdonar per sentir-te més lleuger en tots els sentits.

Perdonar no és una cosa que puguem fer mecànicament, no tenim un botó que enviï a la paperera de reciclatge el que ens ha fet mal, així que dona't el temps que et calgui i també la distància necessària perquè el perdó sigui sincer i no només de paraula.

Cartes per perdonar i perdonar-te

Una manera molt efectiva de deslliurar-se de culpes pròpies i alienes és escriure-ho en un paper. Com si es tractés d'una carta, escull un destinatari i disculpa't sincerament per allò que consideris que t'has de disculpar.

Si la carta va dirigida a algú que t'ha fet mal i amb qui no tens l'oportunitat d'aclarir les coses cara a cara, explica-li què és el que t'ha ferit i fes-li saber que l'has perdonat. Encara que més endavant ho resolgueu en persona, aquesta neteja ja t'haurà suposat una important descàrrega i possiblement hi podràs mantenir una conversa més serena i madura.

Si del que es tracta és d'una actitud o comportament propi del qual tu has resultat la persona perjudicada, posa'l també per escrit i disculpa't de cor. Mentre escrius pensa en tu com a remitent i destinatari i assumeix la doble responsabilitat de disculpar-te i perdonar-te.

No analitzis gaire el que estàs fent perquè aleshores començaràs a jutjar-te i t'acabaràs plantejant que és absurd creure que et sentiràs millor només pel fet d'escriure una carta. Simplement escriu, veuràs com alguna cosa dins teu canvia quan et permets alliberar emocions que fins ara només et causaven dolor.

Tot i que no es tracta exactament del mateix procés que el de l'escriptura terapèutica, la premissa és semblant: has d'escriure sense jutjar-te ni qüestionar les teves paraules o sentiments. En aquest cas el format és epistolar perquè t'apropis al màxim al que podria ser una conversa, al que diries al teu destinatari si el tinguessis al davant. L'avantatge és que ni els nervis ni la vergonya jugaran en contra teu, així que expressa't sense censurar-te i deixa també de banda la por de mostrar-te com ets.

Per si t'ajuda, has de saber que perquè el procés sigui complet, un cop acabis la carta i l'hagis llegit en veu alta si et ve de gust, l'has de cremar deixant que amb les cendres marxi també la culpa. Recorda no analitzar ni valorar el que estàs fent, simplement sincera't, escriu, crema i observa com et sents.

Repeteix aquest procés amb qualsevol culpa o retret que tinguis pendent, per petit que sigui, i pren-te el temps que et calgui per expressar lliurement el que suposen per a tu cada una de les faltes. Com més detalls incloguis sobre els teus sentiments més els estaràs validant i amb més facilitat te'n podràs desfer quan encenguis la flama.

Les cartes no es poden fer malament, així que escriu-les a la teva manera i amb la intenció profunda de perdonar i ser perdonat. Si creus que t'anirà bé per connectar amb les teves emocions, crea un ambient agradable que afavoreixi escriure aquestes intimitats: posa música, encén espelmes, serveix-te la teva beguda preferida i abans de començar a escriure recorda els fets que et porten a voler-te disculpar o a acceptar una disculpa. A partir d'aquí, acomiada't del rancor i aniràs a dormir molt més lleuger.

L'Ho'oponopono

Quan es tracta de curar ferides i concretament de perdonar, una fórmula sorprenentment poderosa és l'art de l'Ho'oponopono. Amb un nom tan original com fàcil de recordar un cop s'aprèn, aquesta antiga filosofia hawaiana diu que tot allò que apareix a les nostres vides és un pensament, una memòria que es presenta per donar-nos l'oportunitat de deixar anar, de netejar.

Ho'oponopono significa esmenar, corregir un error, i quan el practiquem podem esborrar aquella part perjudicial del nostre pensament. L'objectiu és descobrir la divinitat (llum, energia, Déu —tria el que et faci sentir més còmode—) que hi ha al nostre interior i aprendre a demanar-li en cada moment que netegi els nostres errors de pensament, paraula o acció. Sona místic i intangible però és un procés que es pot practicar en solitari i que transmet una sensació de calma molt especial.

Hi ha cursos, seminaris i llibres per aprendre a fer aquesta neteja però l'essència de la versió que es divulga actualment està basada en la tradició i creences dels antics xamans de Hawaii. Segons l'Ho'oponopono tots estem connectats energèticament i tots tenim una part de responsabilitat (no entesa en un sentit de culpa sinó de creació) en allò que passa al món. Si el que estàs llegint et ressona d'alguna manera et recomano que estudiïs la tècnica amb més profunditat, però perquè entenguis més bé com funciona has de saber que l'Ho'oponopono parteix de la idea d'aplicar el perdó a totes aquelles parts de la nostra vida que han perdut l'harmonia, perquè s'ha demostrat científicament que el perdó millora problemes tant físics com emocionals.

El protocol consisteix primer de tot a deixar de buscar culpables externs i a assumir la responsabilitat d'allò que ens passa. A partir d'aquí hem de pensar o verbalitzar un fet o situació en concret que vulguem netejar, i demanar perdó per aquella part de nosaltres que ha creat la realitat que ens fa mal. Per fer-ho s'utilitzen unes paraules que es converteixen gairebé en un mantra:

«Ho sento. Perdona'm. T'estimo. Gràcies.»

Podem dir-les segons com ens sentim, repetir-les diverses vegades o destacar-ne alguna de les parts en funció del que ens digui la nostra intuïció. Al cap i a la fi el que busquem és netejar els llasts que ens impedeixen ser plenament feliços i reprogramar la nostra ment perquè oblidi creences que no ens aporten res de bo.

Sé que és molta informació per assimilar i que requereix una mentalitat oberta i una dosi extra de fe, però quan sentis alguna preocupació analitza-la, connecta amb el teu interior i amb la voluntat de netejar-la o esborrar-la, repeteix les quatre fórmules i veuràs que no només experimentes una sensació d'alleujament sinó que prens consciència de l'enorme poder que tens en allò que succeeix a la teva vida i, sobretot, en la manera com ho acceptes o ho rebutges. Què hi pots perdre per intentar-ho? Com a mínim estaràs en sintonia amb aquesta freqüència del perdó, l'amor i l'agraïment, que és molt menys nociva que la de la culpa, la ràbia i el ressentiment.

No soc gaire partidària de la creença que no s'ha de mirar enrere, perquè encara que l'objectiu sigui anar sempre endavant ens pot servir per aprendre dels nostres errors, per saber què és el que ja no ens serveix ni ens aporta res de bo, per decidir què ens convé canviar i per agafar impuls per fer-ho. Hem de pensar a mirar enrere com ho fem amb el retrovisor del cotxe, com una manera de tenir referències per evitar topar amb els mateixos obstacles un cop i un altre. L'única raó per la qual no hauríem de mirar enrere és si es converteix en un motiu per quedar-nos enrocats en aquest sentiment de culpa corrosiu que ens incapacita per avançar lliures de càrregues perjudicials per al nostre benestar o per mantenir relacions saludables. Mira per tant enrere de reüll, sense recrear-t'hi, i amb la voluntat de tirar endavant amb les millors intencions.

Ens agradi o no, ser humans porta implícit ser imperfectes, fins i tot èpoques en què el nostre grau d'imperfecció és altament superior a la mitjana, però no hem de convertir aquests errors en la vara per mesurar la nostra vàlua, i la millor manera d'evitar-ho és perdonant-nos-els des de la comprensió i la compassió.

Quan t'envaeixi la culpa o un retret, repeteix: «Ho sento. Perdona'm. T'estimo. Gràcies».

«Tot està per fer i tot és possible».
— Miquel Martí i Pol

18
VISUALITZA

Imagina't per uns instants com seria la teva vida ideal, aquella en què no hi hagués limitacions per fer realitat allò que fantasieges en tots els sentits. Pensa com seria casa teva, a què et dedicaries, quin sou cobraries, descriu la teva parella ideal, on aniries de vacances, què faries els caps de setmana, com et sentiries en despertar-te... Visualitza-ho amb tants detalls com et sigui possible i procura que siguin d'allò més versemblants. Pren-te el temps que et calgui, no hi ha cap pressa, deixa el llibre si cal i recrea't en cada una de les imatges com si es tractés d'una pel·lícula.

Ara que has tornat, com et sents? Espero que apreciïs que alguna cosa ha canviat al teu interior, perquè no et pots ni arribar a imaginar l'enorme poder que té visualitzar imatges felices de cara a atraure no només una mentalitat més positiva sinó circumstàncies favorables a la teva pròpia vida. La real.

Quan parlem de visualitzar, la fe hi juga un paper tan important que tant si creus en Déu, en l'energia, en l'Univers com si no creus en res has de confiar que resintonitzar la teva ment perquè capti freqüències positives et pot reportar beneficis enormes. No importa si al principi ho fas sense gaire convenciment, perquè a mesura que vagis substituint els pensaments que dediques a reviure allò que t'ha anat malament per imatges on tot surt com desitges notaràs que el teu estat anímic es transforma i dona pas a l'alegria i a l'optimisme. És aleshores quan entra en joc la fe de què parlo, ja que —en tinguis o no ara mateix— en el moment que es comencin a produir petites sorpreses, sincronies o casualitats crec que com a mínim se't despertarà prou curiositat per continuar explorant en aquesta línia amb l'esperança que arribin nous motius per somriure.

La Llei de l'atracció

És possible que hagis llegit o sentit a parlar sobre la Llei de l'atracció, i aquesta és precisament la que hi ha al darrere del poder que suposa visualitzar circumstàncies positives per atraure-les a les nostres vides.

Segons la Llei de l'atracció, atraiem allò que pensem conscientment o inconscientment, i per això és important enfocar les nostres energies a crear pensaments positius i imatges d'abundància i prosperitat. Aquesta és la raó per la qual si estem bé sembla que tot encaixa i va sobre rodes i quan tenim una mala temporada encadenem experiències i sentiments negatius.

En aquesta mateixa línia, la llei també explica per què quan desitgem alguna cosa amb intensitat, optimisme i confiant que es farà realitat creem una energia que influeix tan positivament a favor nostre que és capaç d'atraure-la cap a nosaltres. No es tracta de considerar-la com una vareta màgica que converteix en or tot allò que toca sinó de creure de debò que si volem fer un canvi favorable a la nostra vida i obtenir els millors resultats possibles hem de connectar amb aquest positivisme tant de pensament com d'acció.

Pots dubtar tant com vulguis de la Llei de l'atracció —de fet, considero que és important qüestionar-se el que es diu o el que es llegeix per quedar-se el que encaixa amb les nostres creences—, però quan la valoris pensa una estona com et sents quan estàs constantment immers en la negativitat i com això altera el que et passa al llarg del dia. Ara compara-ho amb aquelles ocasions en què et despertes positiu, il·lusionat i fes també l'exercici de recordar si en aquell moment tens la sensació que tot et resulta més fàcil.

A tots ens ha passat que ens llevem amb el peu equivocat (en ser esquerrana no recordo mai quin es considera que dona mala sort, però tampoc vull saber-ho per evitar condicionar-me) i que a partir d'aquell instant no hi ha manera de remuntar el dia perquè es produeixen una successió d'infortunis que acaben minant qualsevol voluntat de mantenir-nos positius. Però, què passaria si tan bon punt comencem a notar que la cosa s'està torçant ens aturéssim a respirar i a connectar amb imatges i pensaments positius per reconduir el dia? Ho has intentat? Potser el tema no és si creure o no en la Llei de l'atracció sinó fer aquest esforç per canviar interiorment d'actitud i veure què passa.

Potser és que amb els anys ha augmentat la meva fe —i no ho dic per justificar-me perquè no ho considero necessari—, però el cas és que crec sincerament que donem poc crèdit al poder que tenim. Ens passem la vida buscant la clau de la felicitat a l'exterior, però en realitat la tenim nosaltres i tot el que hem de fer és dedicar-li tantes atencions com ens sigui possible. I és aquí on entren en joc la visualització i la Llei de l'atracció, perquè suposen donar un vot de confiança als resultats òptims que podem obtenir si en lloc de pensar en tot el que podria anar malament pensem en tot allò que anirà bé.

El que ens hem de plantejar és com podem transformar la nostra actitud per donar peu a pensaments i imatges en què el positivisme sigui el teló de fons. Tenim la paciència tan desentrenada que volem resultats immediats, però si en lloc d'estar esperant que no passi res de bo una altra vegada per poder dir que això no serveix de res dediquem els nostres esforços a ser constants i a no perdre l'esperança, tindrem l'oportunitat real de veure com gradualment sí que es produeixen canvis. Potser no seran en forma de grans notícies —encara que és possible i així ho has de desitjar—, però un bon dia trobarem pel carrer la persona en la qual estàvem pensant, un altre ens arribarà aquella trucada que no ens pensàvem que s'arribés a produir, o rebrem una invitació inesperada, o tindrem un dels somnis més feliços dels darrers mesos, o sortirà el sol en un dia en què anunciaven pluja... i com qui no vol la cosa el nostre recel inicial donarà pas a un «per què no?». Aleshores farem l'esforç de continuar confiant, fins i tot aquells dies en què ens resulti més difícil, i ho farem perquè haurem constatat que quan actuem en positiu atraiem positiu, i perquè aquesta perseverança ens fa sentir més bé que la derrota i ens encamina a veure com es fan realitat els nostres somnis i projectes.

Canviar el discurs

Ja que parlem de lleis: quin mal que ens ha fet la de Murphy! Perquè, bromes a part, hem acabat interioritzant allò de «si alguna cosa pot anar malament, anirà malament». Afortunadament, som a temps de desaprendre, que també és d'allò més recomanable per créixer i deixar anar algunes creences arrelades que no ens fan cap bé. I si va malament precisament perquè constantment estem esperant que vagi malament?

Encara que no en siguem plenament conscients, la nostra manera de pensar està carregada de pessimisme. Quan comencem una relació no triguem a plantejar-nos si ens endurem un desengany, a la feina tenim por que ens acomiadin, si creem alguna cosa esperem les crítiques més destructives, i podria continuar enumerant situacions en les quals temem els pitjors resultats possibles en lloc de confiar que tot anirà perfecte. Qui sap si és fruit d'haver crescut pensant que havíem de portar la roba interior impecable per si acabàvem a l'hospital, però avui dia nosaltres som els responsables de canviar el nostre discurs intern per deixar poc o cap espai a Murphy i els seus deixebles.

Aquest és un procés que hem de fer gradualment, ja que seria exigir-nos massa pretendre veure-ho tot de color de rosa d'un dia per l'altre. Per aconseguir-ho podríem començar, per exemple, eliminant l'ús de frases negatives quan parlem de nosaltres, descansant una temporada d'explicar als altres allò que ens ha anat malament, fent comentaris positius a les persones del nostre entorn o limitant el temps que dediquem a veure les notícies. Són petits gestos, però tenen una gran importància a l'hora d'ajudar-nos a ajustar delicadament la sintonia dels nostres pensaments de manera que captin sense interferències els senyals que ens indiquin el camí que hem de seguir per sentir-nos bé.

Després hem de continuar integrant el positivisme a la nostra vida, deixant que guanyi terreny a la negativitat i a la por. Dona per fet que aquestes últimes hi oposaran resistència, però un bon truc per neutralitzar-les és que quan aparegui un pensament negatiu el deixis passar imaginant que desapareix o que visualitzis com el fiques dins un pou i el tapes. Convertir els pensaments en imatges t'ajudarà a veure'ls com a objectes sobre els quals tu tens el veritable control i no a la inversa. Com més entrenis la ment més hàbil seràs també generant imatges agradables, de manera que si notes que te'n estàs anant al costat fosc, concentra't a visualitzar escenes quotidianes en les quals et sents feliç.

El pas següent, que podem fer quan ja ens sentim còmodes en aquesta freqüència predominantment positiva, és crear pensaments capaços d'atraure prosperitat a la nostra vida. En general una actitud agraïda i positiva ja t'afavorirà en molts sentits, però em refereixo a coses concretes, i per això t'ajudarà imaginar que envies encàrrecs a l'Univers o a un poder superior (et torno a convidar que li posis el nom que consideris oportú). Oi que el dia del teu aniversari no dubtes quan demanes un desig i bufes les espelmes? Doncs la resta de l'any també ho pots fer. Tot el que et cal és confiar, pensar en allò que desitges i plantejar-ho verbalment o mentalment amb un to positiu. Com ja hem dit, el to és molt important perquè condiciona el que atraiem, per tant, quan diguis allò que voldries fer realitat formula-ho amb optimisme i amb actitud guanyadora. No atrauràs diners si constantment et repeteixes que no saps com arribaràs a final de mes, ni tampoc t'anirà bé sentimentalment si esperes trobar algú per no estar sol. Demana en gran, no hi ha límits —els hem inventat nosaltres en confondre prosperitat il·limitada amb avarícia— , i fes l'esforç de projectar un discurs positiu en què el «no» quedi descartat en qualsevol de les frases que utilitzis per donar forma al que esperes que canviï. Que tot sigui un enorme «Sí».

Imagina't també com serà la teva vida quan tot surti com desitges perquè amb això vibraràs en sintonia amb aquesta realitat somniada i t'hi aproparàs més. I tant si creus que les teves fantasies s'acabaran complint com si encara hi ha una escletxa de dubte al teu interior, veure't en un entorn de felicitat et reportarà sensacions plaents.

Has de saber que la manera com t'arribaran les coses potser no és exactament com t'esperes, però això no implica que siguin pitjors perquè l'important és el «què» i no tant el «com» i en aquest sentit hem de confiar que allò que vingui serà el millor per a nosaltres. Volem controlar-ho tot però de vegades cal deixar-se portar, ja que tan bon punt siguem receptius a atraure coses bones potser les que ens arribaran superaran les nostres expectatives i ens acabaran reportant més beneficis personals que les que havíem creat mentalment. El fet d'acceptar el canvi ja és ben poderós, perquè significa que deixem enrere les pors i que des d'aquesta actitud positiva estem oberts a noves situacions i disposats a viure-les amb felicitat i esperant-ne el millor. Tu enfoca't en allò que vols i la resta fluirà, aquest és el gran salt de fe que has de fer.

Contes, quadres, llistes i carpetes de realitat

Visualitzar amb imatges i paraules s'ha de convertir en la nostra manera de somniar desperts. El repte és evitar els malsons, i per això hi ha una sèrie de recursos en els quals ens podem recolzar per ajudar-nos a fer treballar la nostra imaginació.

Ara que ja has vist la importància de pensar i sentir en positiu és l'hora de posar-ho en pràctica, i un bon moment és quan anem a dormir o just després d'apagar el despertador al matí. Reserva't una estona per a tu i per plantar aquesta llavor de positivisme tan atraient creant imatges que t'agradaria que es fessin realitat. Pensa en allò que esperes que passi l'endemà o durant el dia, en com t'agradaria que anés a la feina o amb la teva parella, en quina alegria t'agradaria rebre i dedica't a visualitzar la millor resolució possible. Potser apareixeran algunes interferències negatives intentant boicotejar la teva fantasia, però no els facis gaire cas i s'acabaran avorrint. Tu torna a connectar amb la teva pròpia història i veuràs que t'adorms o et lleves amb una energia d'allò més positiva.

Podem crear aquestes històries mentalment, però perquè ens semblin encara més reals hi ha eines de visualització que ens faran sentir que el que ens imaginem ja forma part de la nostra vida. Una d'elles és posar-ho per escrit en el que s'anomenen «Contes de realitat», i la idea és precisament escriure el que desitgem que passi com si ja existís en l'actualitat per així projectar aquesta energia i atraure'n la seva realització. En escriure un conte de realitat pots partir del teu moment actual o d'un futur hipotètic, centrar-te en un aspecte de la teva vida en concret o en la situació en general, i has de narrar tot allò que et faria feliç que passés escrivint en temps present i sense posar límits a la teva imaginació. En pots escriure un de nou cada cop que et vingui la inspiració o fer-ne un de llarg per anar-hi incloent de tant en tant detalls que potser no se't acudeixen en un primer moment, però en qualsevol dels casos recorda que tu ets l'autor de la teva pròpia història, de manera que quan t'asseguis a crear-la pensa en tu com si fossis el protagonista d'una novel·la a temps real on tot surt meravellosament bé.

Un altre mètode de visualització, en aquest cas més plàstic, és crear el teu propi «Quadre de realitat». De nou el punt de partida és pensar en la teva realitat somniada com si ja fos l'actual, i per tant l'has d'integrar en el teu espai a través de fotografies, paraules i pensaments. El que necessites per fer el teu quadre és tenir un plafó de suro de la mida que consideris oportuna i penjar-hi fotografies, textos o frases manuscrites que representin els objectius que t'has marcat en aquesta vida idíl·lica que tant desitges. Pots retallar revistes, imprimir alguna de les teves fotos, incloure imatges o targetes de llocs on vols anar, escrits... tot el que et vingui de gust i que estigui destinat a il·lustrar la teva realitat somniada. Per prudència al principi et frenaràs a l'hora de posar-hi certes fotos, però a mesura que assimilis que demanar no implica no valorar el que tens i que no és egoisme sinó desitjar el millor sense condicionar-te, aniràs ajustant i retocant el quadre en funció de com et vagis sentint interiorment. S'han donat casos al·lucinants de persones que han guardat el quadre durant una mudança o per donar-se un moment de respir i en revisar-lo temps després han comprovat que algunes de les fotos que havien penjat s'han fet realitat, així que acompanya cada una de les teves imatges d'il·lusió i fe i contempla-les quan necessitis una injecció d'energia positiva.

Finalment, si vas curt d'espai a casa, ets reservat, no veus gaire clar això de crear un quadre o viatges sovint i no pots endur-te'l, pots crear una «Carpeta de realitat». En aquest cas tens dues opcions, fer-la físicament o que sigui una carpeta virtual al teu telèfon, tauleta o ordinador. Si prefereixes que sigui tangible, el que necessites és comprar una carpeta amb separadors o sense (això va a gustos) i guardar-hi retalls i fotografies que representin la teva nova realitat, la que confies atraure amb les imatges. Si en canvi ets més partidari de la versió tecnològica, pots crear una carpeta amb fotografies que vagis fent o trobant a la xarxa en què visualitzis el que consideraries un triomf en tots els aspectes de la teva vida. Recorda que no has de posar límits ni condicionar-te, que estarà bé tant si hi inclous una gran mansió perquè és el que creus que et faria més feliç com si reserves un espai a unes botes que t'encantaria tenir, a un animal de companyia o al viatge que esperes fer al més aviat possible. És la teva realitat, així que escolta't i recolza-la amb imatges per apropar-t'hi més.

Sé que els més escèptics estareu alçant una cella i pensant que això no fa per a vosaltres, però el que pretenc traslladar-vos —des del respecte absolut a les vostres creences— és la importància de ser receptius, de no conformar-nos i d'explorar noves vies per ser feliços. Encara que no creguis que pel fet de visualitzar coses bones poden arribar millors notícies a la teva vida, pensa en com et sentiràs si en lloc de dedicar-te a queixar-te o a estar trist converteixes tota aquesta energia en positivisme. Potser simplement has de pensar que observar fotografies d'allò que somnies o escriure la que seria la teva realitat ideal com a mínim et reportarà el benestar que ara et mina el fet d'estar repassant preocupacions i projectant negativitat vagis on vagis, i això és innegable si no és que et blindes a deixar entrar una mica de llum.

Les nostres circumstàncies ja s'encarreguen massa sovint de recordar-nos tot allò que no va precisament bé, així que per què ens hauríem de negar la possibilitat de donar-nos un moment de respir quan a més a més resulta que els beneficis de visualitzar i pensar en positiu han quedat sobradament demostrats? Regala't ni que sigui una espurna de fe, perquè te la mereixes, perquè no hi tens res a perdre i sí molt a guanyar i perquè t'ajudarà a no rendir-te.

Atracció i acció

Així com visualitzar crea l'energia clau per atraure coses bones a la nostra vida, si volem donar-li més poder necessitem sumar-hi l'acció. Haver alterat la nostra dinàmica de pensaments per una de més positiva ens ajudarà a fer el pas següent, que no és cap altre que reforçar aquests pensaments i imatges del que desitgem amb fets concrets.

No parlo d'actuar perquè la tan defensada visualització tingui una lletra petita per cobrir-se les espatlles si els resultats no són els esperats, sinó com una manera de fer que els nostres actes vagin de la mà d'allò que volem fer realitat. Perquè no pots fantasiejar amb un cotxe d'alta gamma i no tenir carnet de conduir, ni tampoc esperis una casa ideal si a la feina fas el mínim esforç i no et marques nous reptes, i possiblement no trobaràs parella si et quedes a casa. Has de sumar actitud, pensament, imatges i actuar en conseqüència. La persona que imagines quan tot et va sobre rodes segur que és activa, així que sigues conseqüent amb el que vols i comporta't de tal manera que tot allò que facis t'apropi a la millor versió de la teva vida.

Tant en el cas de la visualització com en el de l'acció, són imprescindibles la constància i la perseverança, que solen ser els nostres talons d'Aquil·les quan parlem de sentir-nos bé. Sempre que ens marquem un objectiu comencem amb moltes ganes però ens costa massa poc desmotivar-nos o ser mínimament regulars, i no serveix de res estar positiu un dia i l'endemà ensorrar-nos en la misèria. Visualitzar i mantenir-se positiu, com la resta de temes abordats al llibre, requereixen un esforç real que t'asseguro que valdrà la pena. T'has de comprometre amb tu i per tu a voler canviar per millorar, a fer tot el que estigui a les teves mans per estar bé, a deixar de boicotejar-te, i ja veuràs que ben aviat, gràcies a ser constant i perseverant, començaràs a apreciar els resultats. Sí, hi haurà caigudes puntuals i dies en què ho engegaries tot, però mentre mantinguis la mirada en aquesta realitat somniada i l'actitud positiva, cada cop et refaràs a més velocitat i sentiràs que arriben noves raons per tirar endavant amb confiança.

Pensa en com ets quan estàs content, feliç. Visualitza com et canvia la cara, com somrius, com es relaxa el teu cos i com et sents positius i capaç de fer tot el que et proposes. Tanca els ulls si necessites connectar amb aquesta versió de tu, ja veuràs que com més t'imaginis així més sovint hi estaràs realment.

«A veces tienes que olvidar lo que sientes
y recordar lo que mereces». — Frida Kahlo

19

MIMA'T

Resulta difícil creure'ns mereixedors de capritxos quan el nostre estat anímic està tan agitat com les nostres circumstàncies personals, però menyspreant-nos i responsabilitzant-nos —encara que no sigui a consciència— dels motius pels quals avui no és un bon dia no resoldrem res. I de retruc estarem ferint la nostra autoestima a passes agegantades.

Ets una persona molt valuosa, de fet la més valuosa de la teva vida, i encara que faci temps que no ho sents així pots canviar la percepció actual si comences a tenir detalls amb tu mateix. Quan veus algú ferit el teu instint és apropar-t'hi i veure què pots fer perquè se senti millor, no? Doncs ara ets tu qui necessita aquestes atencions, i depèn també de tu donar-te-les. Perquè quan ens sentim malament per haver fallat o perdut en algun sentit tendim a descuidar-nos, i com bé il·lustra aquest prefix de negació (*des-*), deixem de banda tot el que suposi cuidar-nos afectuosament, i amb això en lloc de remuntar encara ens ensorrem més.

Mimar-nos és una manera de transmetre'ns l'amor que no ens declarem verbalment o mentalment, i no és tant una qüestió de regalar-se coses materials com de tractar-nos bé en tots els sentits. Precisament durant una mala temporada és quan hem de ser extremadament delicats amb nosaltres, com si tinguéssim entre mans una peça fràgil i potser una mica esquerdada involuntàriament. Perquè creu-me, ningú no vol estar malament, així que si has patit un o uns quants revessos, et serà de gran ajuda dedicar-te alguna carícia en lloc de castigar-te inútilment.

El plaer de mimar-te

Tan bon punt comencem a pensar a mimar-nos el nostre cos sembla que reacciona predisposant-se a rebre qualsevol sensació de plaer que li vulguis oferir. I és que el plaer és el que estem buscant, i aquí cadascú té les seves filies i fòbies personals. Pensa en aquelles coses que et fa sentir especialment bé, i si ara mateix no te'n pots permetre algunes, adapta-les de forma imaginativa a la teva situació actual. Quantes vegades et ve al cap allò de «que bé que m'aniria...», o «com m'agradaria...» ,doncs bé, com que suposo que ja saps com acabaries aquestes frases, ara toca fer-les realitat en lloc de posposar-les fins qui sap quan. Tenim la mania de deixar-ho tot per a l'endemà, fins i tot les coses positives, quan la veritat és que ens sentiríem molt millor si dediquéssim una estona cada dia a donar-nos un caprici.

Recorda que tot és adaptable, que hi ha moltes maneres de cuidar-se i de consentir-se, però si fa tant temps que no t'ho has permès que estàs una mica desentrenat deixa que et refresqui la memòria:

→ ***Regala't un massatge:*** És una de les primeres idees que ens vénen al cap a la majoria quan pensem a mimar-nos o és cosa meva? Excepte persones comptades, a gairebé tothom li encanta rebre un bon massatge, així que aquest pot ser el primer objectiu que et pots marcar quan et vulguis mimar. Busca un professional del tipus de massatge que t'agradi més, i si vas just de diners demana'n a la teva parella o a algú de confiança. Si no, com a últim recurs, busca informació de tècniques d'automassatge; no és l'opció més atraient però s'ha de ser resolutiu i sempre serà millor que res.

→ ***Surt a comprar:*** Deixa que el teu compte corrent sigui l'únic que et condicioni i sigues generós amb tu en funció de les teves possibilitats. Solem invertir més diners fent regals als altres que a nosaltres mateixos, i no és ser materialista reconèixer que permetre's algun caprici de tant en tant fa sentir molt bé. Dedica unes hores lliures a sortir a comprar o a navegar per la xarxa buscant noves adquisicions, i dona't el gust de comprar-te allò que et cridi l'atenció. No et jutgis ni consideris que és una excentricitat gastar diners quan tens tantes coses per resoldre i quan en realitat no et falta de res, simplement paga sense donar-hi més voltes que les imprescindibles per no quedar-te res que sigui fruit d'un moment de bogeria i no d'un desig real.

→ ***Temps per a l'oci:*** Permet-te ser i estar ociós. Això vol dir donar-te la llibertat de gaudir d'un bon llibre, d'una pel·lícula, de la teva música preferida, de recuperar el *hobby* que vas aparcar fa temps, d'anar a aquell museu que visitaries si estiguessis a l'estranger però que sempre posposes per a més endavant, de sortir de festa, de fer una marató de la sèrie que t'han recomanat, de passar hores contemplant un paisatge... Ja dediques molt temps a la feina, a buscar-ne o a resoldre els problemes a què t'enfrontes diàriament, així que no et sentis malament si durant una estona desconnectes i ocupes la ment amb qualsevol cosa que et resulti emocionalment balsàmica.

→ ***Pensa bé el que penses:*** Mimar-se no és una qüestió únicament externa, també implica tenir molta cura de com ens tractem interiorment. Per això en lloc de criticar-te constantment reforça la teva autoestima recordant-te tot allò que et fa especial i procura augmentar el percentatge de pensaments positius que t'envaeixen la ment. Si t'has acostumat a assenyalar-te els defectes has de saber que encara ets a temps de reeducar la teva manera de pensar. Com et suggeria en parlar d'estimar-se a un mateix, per anar-ho practicant pots posar alguns *post-its* al mirall del lavabo amb afirmacions positives sobre tu, sobre el teu físic o sobre la vida en general i llegir-les en veu alta cada dia fins que comencis a creure-te-les.

→ ***Autoregals:*** A banda que de tant en tant et permetis sortir a comprar, pots marcar-te petits objectius per fer-te regals específics com a recompensa quan compleixis algun objectiu. No cal que siguin de gran valor, perquè són una excusa per celebrar i celebrar-te amb algun detall que serveixi per reconèixer el teu esforç, per recordar-te que estàs orgullós de tu. Un cafè en aquella cafeteria que t'agrada tant, aquella revista que solies llegir regularment fins que la teva economia t'ho va impedir, una bossa de llaminadures, un capritxet de la botiga per on passes sovint sense permetre't entrar-hi, l'ensaïmada que et fa salivar en pensar-hi... Omple regularment una guardiola amb aquest propòsit, ja veuràs que bé que et sentiràs cada cop que retiris una part dels estalvis per fer-te un regal merescut.

→ ***Temps per a tu:*** Dona't el luxe d'invertir temps a fer el que et ve de gust sense haver de donar explicacions. La soledat voluntària és d'allò més reconfortant i de tant en tant convé reclamar una estona per a nosaltres sense que això signifiqui que no valorem la companyia dels altres. Passar un temps a soles serveix per recarregar piles, per valorar com ens sentim i també per oxigenar les relacions, així que no et sentis culpable de necessitar aquest temps de silenci i aprofita'l per conèixer-te millor, perquè d'aquesta manera també podràs oferir el millor de tu.

→ ***Arregla't:*** Queda completament prohibit, si no és un d'aquells dies de recuperació postfesta o per motius de salut, passar més hores en pijama que amb roba de carrer. Si estant desanimat et mires al mirall i veus que ni t'has molestat a vestir-te encara et deprimiràs més. Has de cuidar la indumentària no per impressionar ningú ni per seguir modes en les quals potser no creus sinó perquè descuidar aquest aspecte és símptoma d'una baixa autoestima. Per tant, fer l'esforç d'arreglar-te respectant el teu propi estil et farà sentir que et valores prou per voler-te veure bé. De tant en tant fes neteja de l'armari, dona el que ja no utilitzis, i res de guardar per a un futur hipotètic la roba «bona». Encara que no hagis d'anar enlloc concret pots vestir-te amb peces que sols reservar per a quan surts, no hi ha cap codi de vestimenta que digui que per estar per casa hem de dur texans i una samarreta. Arregla't per agradar-te i cuida els detalls, són els que marcaran la diferència i et faran sentir bé.

→ ***Acabar bé el dia:*** No te'n vagis a dormir de mal humor ni amb males energies perquè de cara a plantar la llavor perquè l'endemà sigui favorable és necessari acabar bé el dia. Ja sigui en solitari, en parella o aprofitant que la família ja s'ha retirat al llit, dedica't una estona de calma abans d'anar a dormir. Pots servir-te una cervesa o una copa de vi mentre llegeixes o escoltes música, fer-te un bany relaxant, compartir una conversa agradable, o simplement seure en silenci a la llum d'una espelma per descomprimir la tensió acumulada i respirar.

→ ***Tractaments miraculosos:*** Més enllà dels tan valorats massatges, hi ha un munt de cures amb les quals podem obsequiar el nostre cos i que per extensió ens relaxaran la ment. Una sessió d'*spa* de tant en tant és ideal per posar el cutis al dia o per fer algun dels tractaments dissenyats per endur-se tot allò que ens sobra, i perquè ni que sigui durant una estona ens sentim com flotant. No crec que ningú pugui negar el plaer de deixar-se mimar amb mascaretes, fangs, pedres, màquines que constantment semblen fer coses més complexes o mans prodigioses, però (i aquest «però» l'has de llegir allargant la «o» perquè sé que és poc realista poder-hi anar regularment) sempre hi ha la possibilitat de fer-ne la versió casolana. De fet, està tan de moda cuidar-se que fins i tot alguns supermercats tenen una extensa línia de productes de bellesa a baix cost perquè et facis els tractaments a casa, i si no busca-ho per internet i deixa't sorprendre pels miracles que pots fer amb una mica de sucre, iogurt, cafè o altres productes dels que tens a la cuina.

→ ***El que ja saps:*** Mimar-te també és fer tot allò que saps que et convé per sentir-te millor i que de vegades no fas per mandra. Com que aquí l'objectiu és permetre's ser capritxós encara que sigui durant una estona al dia, està bé ser flexibles però recorda que tot el que facis per cuidar-te no deixa de ser una manera de mimar-te. I això passa per invertir temps i esforç a posar en pràctica cada una de les claus amb les quals al llibre et convido a no rendir-te.

Segur que si hi penses una estona et vénen al cap un munt d'idees, però no serviran de res si no les poses en pràctica. Dedica tot el temps que puguis al teu benestar i no renunciïs tampoc a rebre atencions de la teva gent. Està molt bé ser autosuficients, valents, independents i demostrar fortalesa, però deixar que ens mimin no és senyal de debilitat. Que l'orgull no t'impedeixi reconèixer que necessites una abraçada literal o metafòrica, i si a les persones del teu cercle íntim no els surt de dins oferir-te-la però sents que t'anirà bé demana-la des de l'afecte que saps que et tenen. De vegades els altres no fan més per nosaltres per prudència o perquè quan ho han intentat no hem tingut la millor reacció i van amb peus de plom, així que segur que agrairan que els expliquis què poden fer per ajudar-te.

Tot el contrari de mimar-se

És possible que ara mateix et sentis tan perdut, culpable o poc mereixedor de cap mena d'atenció extra que involuntàriament estiguis fent tot el contrari del que necessites, que en aquest cas és mimar-te.

Tendim a ser molt autoexigents i això implica que si les coses no ens van bé, com hem comentat en parlar del perdó, creguem que d'alguna manera en som responsables. Quan això passa, quan relacionem el que estem vivint amb algun error que haguem pogut cometre o amb una actitud equivocada per part nostra, és fàcil acabar buscant vies d'escapament per mitigar el dolor o la culpa, però de vegades l'opció escollida encara fa la ferida més grossa, si és que no la infecta.

Beure per oblidar, fumar compulsivament per calmar els nervis, drogar-se per no sentir, o un cas més extrem com podria ser ferir-se per castigar-se o sentir-se viu són maneres d'allò més perjudicials a l'hora de fer front als problemes. Una cosa és excedir-se de manera puntual a conseqüència d'un disgust, però estigues molt alerta si creus que pots tenir algun problema de tipus addictiu o que requereixi la intervenció d'un professional, perquè aquesta no ha de ser mai la resposta. Precisament ara t'has de cuidar i mimar més que en cap altre moment de la teva vida, i no et pots permetre arriscar la teva integritat física i mental perquè seria una manera de rendir-te, i hem quedat que aquesta opció estava descartada.

Enfronta't a qualsevol actitud autodestructiva i treu-te del cap l'injust discurs intern que t'ha convençut que fent-te mal compensaràs el que creguis que has fet malament o que desconnectaràs d'aquesta realitat que potser ara et turmenta. Has de ser més valent que mai i això vol dir valorar-te, estimar-te i donar-te les atencions que sí que et mereixes.

Alimenta bé l'ànima

L'alimentació és un tema a part quan es tracta de mimar-se perquè hi ha un vincle específic entre els nostres hàbits alimentaris i el nostre estat d'ànim. Sense que això es converteixi en una obsessió i considerant les necessitats concretes de cadascú, has de tenir molt present que el teu benestar demana tenir una dieta saludable.

No podem pretendre sentir-nos bé si mengem el primer que trobem a la nevera o no fem el mínim esforç per pensar de què i com ens alimentem, i tampoc descobreixo res de nou si dic que quan estem malament el darrer que ens ve de gust és cuinar plats massa elaborats i que per tant tendim a menjar més per necessitat que per plaer. Això dona peu a fer que el nostre ventall gastronòmic s'acabi limitant a un nombre bastant reduït de productes i que no sempre siguin equilibrats ni continguin totes les propietats que requereix el nostre cos per funcionar a ple rendiment. Aleshores, com a resultat d'aquesta deixadesa alimentària, el nostre pes s'altera per excés o per defecte i la nostra salut no triga a veure-se'n afectada.

Feuerbach, filòsof i antropòleg alemany, deia que «som el que mengem» i el cert és que —sense entrar a debatre el significat profund de la frase— està més que demostrat que l'alimentació juga un paper fonamental en la nostra salut. Constantment apareixen nous estudis que incideixen en la relació entre certs aliments i malalties i aleshores, durant un temps sovint limitat, tenim més cura dels productes que incorporem a la nostra dieta, però en un moment o altre tots patim les conseqüències de no menjar bé: potser va ser en independitzar-nos perquè sabíem fer poc més que bullir pasta o arròs, en èpoques en què per motius laborals hem de menjar fora sovint, per mandra, per la comoditat de comprar plats precuinats, perquè estem fent dieta, o perquè la nostra vida està tan de cap per avall que aquesta és una de les nostres últimes preocupacions. En tot cas el motiu no és important, perquè si ho penses fredament no deixa de ser una excusa per no atorgar a l'alimentació la importància que té per al nostre benestar.

Potser no ens n'adonem però quan mengem malament el missatge que ens estem enviant és que no ens valorem prou, i així és impossible esperar que el nostre cos i la nostra ment responguin com voldríem. És com posar les piles equivocades a un aparell electrònic i esperar que s'engegui per art de màgia. Tampoc hem de passar-nos el dia comptant calories ni convertir-nos en nutricionistes aficionats perquè aleshores aniríem a l'extrem contrari i no és gens convenient, però no costa tant pensar de quina manera podem mimar el nostre estómac sense passar gana ni excedir-nos.

Deixant de banda al·lèrgies i intoleràncies diverses que ens puguin condicionar a l'hora d'escollir certs menús, és qüestió de menjar de tot i en quantitats que s'adaptin al que requereix la nostra activitat diària. No cal ser un gran xef per menjar bé, i estic convençuda que si has après a utilitzar les noves tecnologies no et serà tan complicat moure't amb desimboltura entre els fogons mentre segueixes les instruccions d'una recepta. A més, hi ha un munt de plats que no requereixen gaires habilitats, així que tot és posar-s'hi i tenir la intenció de canviar el que en el fons saps que t'està perjudicant. Considera el fet de cuinar per a tu i per a la teva gent com una mostra d'afecte i veuràs com cada cop et ve més de gust aprendre noves receptes. Qui sap si tens un do ocult per a la cuina i te l'estàs perdent en no intentar-ho!

Combina tot tipus d'aliments, elaboracions, sabors, textures, i para atenció a com són les teves digestions en funció d'allò que ingereixes per ajustar la teva dieta. No ho vegis com una obligació sinó com una recompensa que aniràs apreciant millor com més en gaudeixis. Estarà bé que puntualment et permetis algun extra, que surtis a menjar a fora, o que en dates assenyalades et deixis portar pels excessos, però la resta del temps procura que cada àpat es converteixi en una manera de mimar-te.

Oblida't de l'accepció que equipara ser mimat amb ser malcriat i pensa en tot el contrari: acompanya d'alguns capricis el teu treball constant de creixement i tindràs més bona salut física i mental.

«No hi ha futur,
no hi ha passat,
cap dia més que avui».
— Jonathan Larson, *Rent*

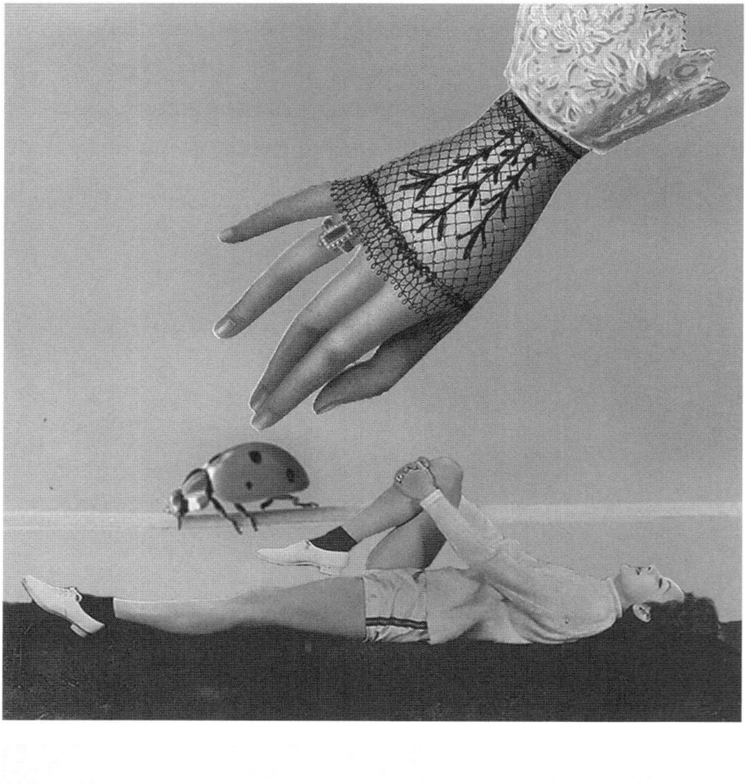

20

MEDITA

Espera't! No et saltis aquest capítol, dona-li una oportunitat! Sé que a priori la idea de meditar provoca molt rebuig, però dedicar-hi un temps pot resultar tan beneficiós com catàrtic. Perquè tot i que per a alguns la paraula soni grandiloqüent o excessivament espiritual, meditar no és altra cosa que connectar amb la part més profunda de la nostra ment per trobar respostes i pau interior.

Potser un dels motius pels quals no gosem provar-ho —més enllà de l'esforç mental a què ho associem— és la por que ens fa mirar a un lloc massa profund. Si no ho veus no existeix, no? En canvi, els que practiquen regularment aquesta tècnica mil·lenària defensen que és tot el contrari, que precisament els ajuda a calmar la ment, a trobar-se a ells mateixos, a reforçar el sistema immunològic, a estar més concentrats, a tolerar millor el dolor, a reduir l'estrès i l'ansietat i a potenciar la presència de pensaments positius. En resum: que els millora la qualitat de vida.

El més complicat és aprendre'n i tenir prou paciència i disciplina per anar-hi agafant el traç. És lògic, un no es converteix en expert de res sense treballar prou per obtenir resultats òptims. N'he parlat en altres capítols però hi insisteixo perquè és l'essència de la resiliència: cal perseverar i confiar per rebre recompenses, i no només en qüestions de superació personal o de cara a recuperar-se d'un entrebanc, sinó que és una actitud que hem d'incorporar en tots els àmbits de la nostra vida. Cap dels artistes, esportistes, científics, emprenedors o altres persones que admires no ha arribat on és sense esforçar-se, i fins i tot els que han tingut la sort a favor han hagut de ser constants per continuar creixent, aprenent i per mantenir-se al cim de la seva professió. Doncs bé, això s'ha d'aplicar a tot el que ens proposem, especialment al que té a veure amb ser i sentir-nos millor, i la meditació exigeix una regularitat que a la llarga t'ajudarà a ser constant en altres aspectes.

Meditant podem descobrir coses noves sobre nosaltres, així que ho hem de considerar una manera d'anar enderrocant les barreres amb què ens hem protegit del que temíem que ens fes mal, murs que alhora ens han allunyat de la nostra essència. Meditar és deixar-se fluir cap a un estat més enllà del cos i de la ment, en el qual estem presents aquí i ara. És permetre que els nostres pensaments siguin lliures per dur-nos on necessitem anar, i un cop allà trobar-hi la màxima serenitat.

El nostre cap es passa el dia encadenant pensaments que acaben afectant-nos emocionalment i que poden resultar esgotadors, de manera que la meditació suposa una alternativa per recuperar l'equilibri i la tranquil·litat perduts. És l'equivalent a netejar i posar ordre a casa, però en aquest cas el que sanegem és la nostra ment i tot el que desencadena.

Hi ha estudis que demostren que practicar trenta minuts de meditació al dia resulta tan efectiu com prendre antidepressius, i que ajuda a fer front als entrebancs de la vida i a ser nosaltres mateixos en qualsevol circumstància. Semblen, per tant, raons més que suficients per animar-se a ser constant en aquest sentit. En l'aspecte emocional el canvi s'aprecia progressivament, de manera que com més regularment meditis més segur de tu mateix et sentiràs. En poques setmanes notaràs millores tant psíquiques com físiques i aleshores et veuràs capaç de complir els teus objectius i els teus somnis, perquè hauràs connectat amb allò que et motiva.

Si has practicat la meditació anteriorment i ho vas deixar de banda perquè et feia vertigen la idea que et vinguessin al cap certes imatges o pensaments potser ha arribat el moment de donar-li una nova oportunitat, i si no ho has provat mai, encara ets a temps de fer un intent i veure si t'hi sents còmode, si t'agrada i sobretot si creus que et pot ajudar en el teu procés de creixement personal.

Començar a meditar

Els que pensen que meditar és simplement encreuar les cames, posar els palmells de les mans de cara amunt i repetir «Om» amb els ulls tancats potser infravaloren el sentit profund del que representa, però tampoc van del tot desencaminats perquè el punt de partida és relativament tan senzill com aquesta imatge estereotipada: cal respirar, connectar amb les sensacions corporals i anar veient per on ens porta el pensament.

Hi ha tantes tècniques per meditar com guies espirituals, mestres, persones que ho practiquen o aprenents, però tot i els matisos de cada tipus de meditació la base sol ser la mateixa:

- → Trobar un espai tranquil: hi ajuda posar música relaxant i crear un ambient agradable.
- → Buscar una postura còmoda: pots seure a terra, en una cadira o estirar-te de panxa enlaire. És important que l'esquena estigui recta i el cos (especialment braços i espatlles) relaxat. També convé dur roba còmoda.
- → Respirar i relaxar la musculatura de tot el cos.
- → Deixar la mirada fixa en un punt o tancar els ulls i centrar-te en la respiració si així et concentres més fàcilment.
- → Observar els pensaments que apareixen sense jutjar-los i acceptar-los.
- → Encara que et vinguin al cap dubtes, emocions o pensaments negatius no intentis eliminar-los, deixa que passin i torna a connectar amb el punt que estaves mirant o amb la respiració.
- → Crear pensaments i imatges positives sobre nosaltres mateixos i mantenir-los tant com ens sigui possible.
- → Tancar els ulls i sentir durant una estona el silenci absolut.
- → Anar tornant lentament a la realitat, donant-nos el temps necessari per estirar el cos i per reconnectar amb el que ens envolta sense perdre les sensacions fruit de la meditació.

Podràs augmentar la durada de les sessions a mesura que practiquis, de manera que intenta començar amb un minut i ves allargant l'estona que hi dediques fins arribar als trenta minut diaris. L'ideal és convertir-ho en un hàbit per anar notant com millora la nostra salut mental i física, les nostres relacions i el nostre rendiment.

Per no donar-te temps de buscar excuses pots provar-ho avui mateix i si veus que no te'n surts torna a intentar-ho demà, tot i que segur que aconsegueixes ni que sigui aquest primer minut de connexió. En el cas que vulguis que algú et guiï durant les primeres etapes de l'aprenentatge sempre pots buscar un centre especialitzat en meditació, llibres sobre la matèria o cercar vídeos de meditacions guiades a la xarxa fins que trobis la que t'agrada més.

El reiki

Tot i que no és exactament una tècnica de meditació, practicar reiki també et pot ajudar a conèixer millor el que guardes dins i que potser no t'has atrevit a explorar.

El reiki és un mètode de transferència energètica destinat a afavorir el benestar físic, mental i espiritual de les persones. Es realitza a través de la imposició de les mans per reconduir l'energia entre els xacres (punts energètics del cos) i reequilibrar l'organisme. És a dir, el mestre de reiki situa les mans en punts estratègics del nostre cos per desbloquejar l'energia que hagi pogut quedar estancada a causa de circumstàncies personals i allibera aquestes obstruccions perquè recuperis l'equilibri natural.

Fer reiki pot servir com a teràpia complementària als teus

avanços perquè t'ajudarà a trobar calma i a millorar l'ànim, i encara que no funciona igual amb tothom, quan va bé transmet una sensació de desassossec que és el resultat de remoure'ns interiorment de manera profunda. És com si sentiments i pensaments es posessin en ordre, com si s'obrís la capsa de Pandora per deixar anar el que ens fa mal i evidenciar el que realment sentim. Pot haver-hi moments aclaparadors en experimentar sensacions i emocions noves però al final (depenent de la persona pot passar en una primera sessió o pot necessitar-ne més d'una per apreciar els canvis) un sol quedar relaxat en sentir per primer cop en molt temps que tot és al seu lloc.

Si et desperta curiositat et suggereixo que ho provis i observis com et sents. Busca algun mestre amb experiència i si t'agrada pots anar més enllà i fer algun curs per poder-te fer reiki tu mateix. És d'aquelles coses que no convé explicar gaire perquè s'entén més bé quan s'experimenta en primera persona. En el meu cas he viscut moments molt especials a través del reiki, així que suposo que no puc ser del tot objectiva, però t'ho recomano com a mínim perquè vegis si t'ajuda a desfer alguns nusos emocionals.

Ara

Encara que haguem parlat de la importància de marcar-te objectius o de visualitzar com t'agradaria que fos el teu futur, la resta del temps l'has de viure entregat plenament al present. El passat pot ser una referència però mai t'hi has d'ancorar perquè es convertirà en un llast, i estar excessivament pendent del futur t'angoixarà i et desconnectarà de l'experiència que vius en el present.

Fer constantment un munt de coses alhora ens ha convertit en persones multitasques a les quals cada cop ens és més difícil centrar-nos en una sola activitat. L'exemple més representatiu és veure com gairebé hem fet del mòbil una extensió de les nostres mans: si anem a un concert estem més pendents de fer vídeos o fotos que d'escoltar el grup pel qual hem pagat l'entrada, als museus fotografiem quadres que oblidem apreciar tot i tenir-los al davant, si anem a un restaurant ens afanyem a compartir a les xarxes socials el que mengem abans que a assaborir-ho, consultem el telèfon sovint encara que estiguem acompanyats, i quedar-nos sense bateria és motiu de taquicàrdia. I és clar, amb aquesta actitud ens acabem perdent el millor, que és viure i sentir la realitat en majúscules.

Quantes vegades has fet alguna cosa tan mecànicament que en pensar-hi fins i tot has dubtat de si l'havies fet? Notes que darrerament et despistes amb més facilitat? Podries rentar-te les dents sense moure't del davant de la pica? I mantenir una conversa telefònica sense passejar amunt i avall buscant restes de pols amb el dit índex a tot el que trobes? Doncs això és a causa de no enfocar l'atenció en el present, en el que fem a cada moment, i és una llàstima perquè ens acabem perdent detalls valuosíssims.

Per tornar a apreciar el color dels ulls de la nostra parella, sentir un calfred en escoltar aquella melodia que ens posa la pell de gallina o meravellar-nos veient una posta de sol cal que reentrenem la nostra ment perquè recuperi la capacitat de tenir una atenció plena (el *mindfulness* del qual tant es parla) en allò que estem fent, i la meditació és una manera de no passar per la vida de puntetes i sense gaudir-ne. Hem de viure el present amb plenitud, sentint-nos orgullosos de cada avanç que fem i de com som, i alhora hem de ser capaços de trobar la pau interior necessària per acceptar els canvis des d'un estat de tranquil·litat, confiança i fe.

Respira l'ara amb tota la intensitat possible i apreciant aquelles petites grans coses que et recordin la sort de simplement ser, perquè ahir potser vas patir una derrota i demà esperem que sigui un dia perfecte, però és avui que marcarà la diferència. Tens cinc sentits —sis, de fet— per algun motiu, així que no els desaprofitis perquè no hi ha res més cert que el que vius en aquest precís instant.

Tots tenim els nostres fantasmes però mirar cap a una altra banda no els farà desaparèixer. Al teu interior hi ha més llum que foscor i una manera de rebre el seu caliu és meditant.

«Una pregària pels cors salvatges retinguts en gàbies». —Tennessee Williams

21
DESPENTINA'T

Som una font constant de contradiccions. Volem controlar què passarà però ens agrada que la vida ens sorprengui. Volem seguretat però el risc dispara la nostra adrenalina. Volem llibertat però ens aterra la soledat. Volem abundància però reneguem del materialisme. Volem l'èxit professional però fantasiegem sovint amb estar de vacances. Volem sentir-nos bé però ens fa una mandra tremenda cuidar-nos. I volem ser autèntics i honestos amb la nostra manera de ser però acabem adaptant-nos als paràmetres marcats per una societat que no ens ha preguntat mai si ens semblaven bé.

El resultat d'aquest vaivé permanent en què vivim és que, per no marejar-nos, convertim l'estabilitat en el nostre objectiu i punt d'amarratge: estabilitat emocional, sentimental, laboral, econòmica...

Quan creiem que tenim tots aquests aspectes coberts ens sentim segurs perquè la vida ens sembla més previsible, o com a mínim tenim menys present la seva imprevisibilitat, però dins la nostra tendència contradictòria aquesta imatge aparentment idíl·lica per la qual tant ens hem esforçat acaba resultant-nos monòtona.

Moltes de les víctimes de les famoses crisis dels trenta, quaranta o cinquanta no s'han aturat mai a preguntar-se com volien que fos la seva vida. Simplement han anat fent, seguint el corrent, buscant complir les expectatives i sentint-se relativament satisfetes. Aleshores, l'arribada d'una nova dècada els posa al davant un mirall d'augment que evidencia qualsevol incongruència amb la seva essència i comencen a hiperventilar, perquè «relativament» ja no és prou i fa que es plantegin què podrien canviar per ser plenament felices. Aquest dubte existencial té tantes respostes com persones hi ha sobre la faç de la Terra, però cada cop tinc més clar que la felicitat passa per ser un mateix i per trencar ni que sigui de tant en tant amb tot allò que ens oprimeix, limita, anul·la o impedeix somniar.

Aquestes reflexions no són una invitació a engegar-ho tot i començar de zero —tot i que si sents aquest impuls hauries de veure d'on ve i com gestionar-lo—, són les que em porten a ser una ferma defensora de sortir d'una vegada per totes de la mal anomenada zona de confort. Està molt bé aconseguir la casa, la feina, la parella (amb fills o sense), el cotxe, l'animal domèstic i els estalvis —vaja, el tan publicitat paquet complet—, i no hi renego ni de bon tros ni crec que sigui negatiu marcar-se uns objectius que segurament ens fan feliços la major part del temps, però si no volem ofegar-nos quan s'acabi l'aire de la nostra bombolla hem d'explorar alternatives i revisar si tot el que hi hem posat a dins és el que veritablement volem. Perquè si alguna de les parts del que hem creat no acaba d'encaixar, seria injust per a nosaltres i per a la nostra gent que continuéssim avançant fingint que tot va bé.

No és mai tard per fer un canvi si creiem que pot marcar un abans i un després, i tot i que ara t'espanti la idea com a mínim no et quedaràs amb l'amarga sensació de «i si...» al teu interior. Potser et dediques al que et dediques perquè et van convèncer que allò que realment t'agradava no tenia futur; potser fa temps que la teva relació de parella s'ha estancat i no t'atreveixes a trencar-la ni tampoc fas cap esforç per reencendre la flama perquè t'has acomodat; potser tots els dies et semblen iguals però no et queixes perquè podria ser pitjor; o qui sap si potser t'has descuidat físicament però ho compenses evitant mirar-te massa al mirall. Segur que hi ha un «potser» diferent per a cadascú, o més d'un, però has de saber que encara que hagis trigat a descobrir el(s) teu(s) sempre ets a temps de posar-hi remei.

És l'hora de despentinar-se, de permetre's el luxe de remenar les entranyes de les nostres vides per veure què és el que realment volem i ens mereixem quedar-nos. Tant de bo després d'aquest exercici d'introspecció t'adonis que hi ha pocs ajustos per fer, però si en mirar endins no t'identifiques amb la persona en què t'has convertit regala't un reinici, reinventa't.

Adeu rutines

Si pensar a començar de nou et genera ansietat, estigues tranquil perquè no és ni tan greu ni tan radical com sona. Excepte en els casos puntuals de persones que realment senten la necessitat de fer un canvi en tots els sentits, la majoria en tenim prou incorporant petits ajustos de manera gradual i a partir d'aquí fer-los extensibles a altres aspectes de la nostra vida. És qüestió de plantar una llavor per retrobar-nos amb nosaltres, i aquesta llavor no és cap altra que trencar la rutina.

Estem tan acostumats a repetir cada dia la mateixa dinàmica gairebé com a autòmats que quan sortim de casa després de dutxar-nos en l'ordre i el temps habitual, de vestir-nos amb la roba que coneixem de memòria, de fer el llit o no i d'esmorzar el mateix dels darrers mesos o anys, ja ens hem convertit en una de les tantes persones grises amb qui ens creuem de camí cap a la feina, que per descomptat és el camí de sempre. Aquesta rutina ens acaba passant factura perquè no només ens avorreix i desconnecta del moment present sinó perquè també és la responsable que acabem magnificant aspectes de la nostra vida que potser no van del tot malament però que ens estar tan cremats ens semblen l'origen de les nostres frustracions. Per això, abans de prendre grans decisions el primer és fer petits canvis que deixin entrar una mica de llum al nostre dia a dia i, per extensió, a tot allò que fem.

La rutina ben entesa, vista com una manera de crear hàbits saludables, d'organitzar l'agenda, de fomentar el sentiment de quotidianitat o de mantenir uns objectius està molt bé, però quan és sinònim de monotonia acaba afectant negativament la nostra vida perquè elimina el factor sorpresa i anul·la la creativitat. Per evitar que passi això hem d'incorporar canvis en la nostra rutina, d'aquesta manera deixarem d'estar endormiscats, ens coneixerem millor, trobarem més fàcilment solucions als problemes que es presentin, sabrem gaudir amb plenitud de cada instant i ens sentirem creatius perquè estarem més connectats amb les nostres emocions i pensaments. Alhora, aquesta millora en el nostre benestar ens protegirà d'acomodar-nos o de desenvolupar altres rutines i ens dotarà de més flexibilitat mental per adaptar-nos i ser, per tant, més resilients.

Despentinar-se és deixar de ser tan rígids i autoexigents, arriscar-se a provar coses noves, donar-se l'oportunitat d'equivocar-se, i estar més pendents d'un encert que d'un possible error. Perquè potser ens equivocarem però com a mínim sabrem que ho hem intentat i que no ens hem conformat a seguir permanentment un corrent que potser va en contra nostre. Al cap i a la fi no hi ha tant a perdre com a guanyar, ja que del que ens solem penedir és d'allò que no ens atrevim a intentar, generalment per por.

Prenguem el risc relatiu de sacsejar els nostres esquemes, perquè com més ens permetem trencar aquesta rutina a favor de la improvisació, la flexibilitat i la creativitat més iniciativa tindrem, millor serà el nostre estat d'ànim, més ferma tindrem l'autoestima i més hàbils ens sentirem per comunicar-nos i per fer realitat allò que vam deixar aparcat mentre navegàvem amb el pilot automàtic.

Marcant la diferència

Si ens deixem portar per la rutina acabem mecanitzant allò que, si ho féssim de manera conscient, podria resultar fins i tot plaent. Hi ha una sèrie de coses que hem de repetir necessàriament cada dia ni que sigui per una qüestió de supervivència, però si fem el petit esforç d'incorporar-hi de tant en tant algun element diferencial sortirem de la desídia i estarem més receptius a fer altres canvis en tots els sentits. A més, si la por de perdre el control ha fet que acabis col·leccionant dies idèntics que et xuclen l'energia veuràs que estimulant serà obrir-te a un nou món de possibilitats.

No pretenguis atraure novetats a la teva vida si sempre fas el mateix sense variacions perquè et fa terror el canvi. Recorda que atraiem allò que projectem, així que si generes reiteració rebràs reiteració, però si alteres la teva manera de fer i d'actuar atrauràs l'arribada de nous aires i per tant l'esperança, la tan necessària il·lusió i la sensació d'estar viu.

En l'aspecte pràctic és ben senzill, pots trencar amb la rutina des del moment en què obres els ulls al matí, de fet fins i tot abans si per variar programes el despertador amb uns minuts de marge per poder visualitzar, meditar o simplement ronsejar sol o acompanyat, però també hi ha moltes altres maneres de fer-ho:

→ ***Canvia de ruta:*** Coneixes tan bé el camí als teus llocs habituals que possiblement quan hi vas mires permanentment a terra i no t'adones del recorregut que has fet fins que has arribat. Prova de canviar de ruta encara que sigui una mica més llarga, deixa el cotxe de tant en tant i ves amb transport públic a la feina, agafa l'autobús si normalment vas en metro, no repeteixis el trajecte exacte d'anada quan tornis a casa, i sigui quin sigui el teu mitjà de transport procura estar atent a tot el que t'envolta per descobrir nous indrets, observar les cares de les persones amb qui et creues o simplement estar plenament present a cada pas del camí.

→ ***Tasta coses noves:*** Especialment a l'hora d'esmorzar, som éssers de costums i solem repetir el mateix. Si vols alterar una mica l'àpat que marcarà el to del teu dia, prova d'incorporar-hi nous sabors, prepara't un suc especial, un cafè/infusió diferent de l'habitual o fes entre setmana l'extra que normalment et permets els diumenges. En general, amb el menjar estigues obert a tastar coses que potser creus que no t'agraden però que no has tastat mai, i quan seguis a taula pren-te el temps que calgui per assaborir cada mossegada en lloc d'engolir per acabar de pressa i posar-te a fer una altra cosa.

→ ***Revisa el teu look:*** Quan et sols vestir amb les mateixes peces de roba que estratègicament han quedat situades a la part més accessible de l'armari és hora de dedicar més temps i atenció a la teva imatge. Si al matí sempre vas tard, un bon moment per escollir el conjunt que et posaràs l'endemà és abans d'anar a dormir. Fes-ho a consciència, pensant amb què et sentiràs millor, i no pensis si la teva elecció és correcta o no als ulls dels altres, perquè mentre a tu t'agradi no t'ha d'importar si és massa atrevit, massa curt, massa llarg, massa fosc, massa clar o qualsevol pega que hi trobis per no posar-te el que realment et ve de gust. Recupera també aquelles peces que et feien sentir més agosarat o els complements que has deixat de lluir per mandra, i si tens ganes de maquillar-te o d'arreglar-te especialment sense cap motiu aparent, no deixis de fer-ho. Veuràs que com més et cuidis en aquest aspecte més seguretat tindràs per incorporar altres canvis.

→ ***Desconnecta:*** Procura passar una estona al dia sense estar pendent ni del telèfon ni de cap aparell electrònic amb què et connectis a les xarxes socials. Només que durant una estona evitis la temptació de consultar permanentment missatges o publicacions veuràs que l'hàbit que has desenvolupat és tan compulsiu que quan recuperis els aparells en gaudiràs amb més atenció. I l'estona que passis lliure d'interferències electròniques estaràs també molt més concentrat en tot allò que facis.

→ ***Altera l'ordre:*** Hi ha ocasions en què l'ordre dels factors sí que altera el producte. Prova de reordenar la manera com sols fer les tasques rutinàries d'higiene o de casa i veuràs que et resulten més amenes. Alterar l'ordre en activitats tan habituals per a nosaltres també ens ajudarà a estar presents en el moment i a descobrir petits detalls que potser havíem passat per alt fins ara.

→ ***Estigues obert:*** De vegades, sense ser-ne conscients, portem al front un cartell de «no molesteu» i això fa que ningú gosi apropar-se a nosaltres. Sigues receptiu a conèixer gent nova, accepta invitacions a sortir i per més tímid que siguis esforça't per relacionar-te amb les persones del teu entorn. Ampliar el teu cercle social et pot obrir les portes a trobar persones fantàstiques i alhora et pot suposar descobrir noves aficions, interessos, llocs i fins i tot trets del teu caràcter, perquè interactuar socialment ens ajuda a conèixer-nos millor.

→ ***Descobrint nous entreteniments:*** Creiem que ho sabem tot sobre els nostres gustos literaris, cinematogràfics o musicals, però un dia fem cas d'una recomanació que s'allunya una mica del que ens acostuma a agradar i ens sorprèn perquè és millor del que ens imaginàvem. Tot i així triguem ben poc a tornar als nostres paràmetres de referència, oblidant que ens podem estar perdent obres excel·lents i que hem acabat incorporant la rutina al que hauria de suposar oci i sorpresa. Explora noves opcions de consum artístic i d'entreteniment, descobreix nous *hobbies*, així veuràs que els teus gustos són més amplis del que et penses i en gaudiràs més intensament.

→ ***Despentina't:*** Literalment. Aquest és un repte més difícil si tens els cabells llargs, però, independentment de com sigui la teva cabellera, surt de tant en tant al carrer sense pentinar-te. Tot i que pugui semblar absurd, gosar anar despentinats és l'excusa per trencar amb la nostra rigidesa i amb la tendència d'estar pendents dels altres. Aconsegueix que no t'importi anar despentinat encara que només sigui durant uns minuts i ja veuràs que a poc a poc t'hi vas atrevint una estoneta més. A la llarga intenta-ho també amb barrets, gorres o peces de roba que t'agradin i no t'hagis permès dur mai. Fes que l'experiència sigui alliberadora perquè sumarà en aquesta nova versió de tu que altera la rutina amb decisió. Qui sap, potser amb el temps t'atreviràs també a dur aquell tatuatge o aquell pírcing que no t'has fet perquè surt del que és convencional.

→ ***En parella:*** Mira de revifar la teva relació de parella incorporant algunes variacions als vostres hàbits. Proposa cites a llocs nous, torna a arreglar-te com ho feies en les primeres trobades, reclama les atencions que creguis que t'ajudarien a reconnectar, busca la manera de recuperar la passió si la cosa s'ha refredat o mecanitzat una mica, i sobretot parla amb la teva parella de tot això perquè aquest trencament de la monotonia sigui cosa de dos.

→ ***Capgira l'agenda:*** Exceptuant allò que hagis de fer obligatòriament en un horari concret, fes un esforç per donar vida a la teva agenda. Evita anar a comprar, netejar o fer esport sempre els mateixos dies i hores i veuràs que, en no mecanitzar-les, aquestes activitats resulten menys pesades. Procura també no deixar l'oci només per al cap de setmana i sigues flexible a sortir algun vespre després de la feina. Si vols fer la prova de fins a quin punt ets previsible, anota a l'agenda el que fas durant dues setmanes i a partir d'aquí marca't el repte de capgirar-la per no avorrir-te.

Tot allò que se't acudeixi per trencar la rutina amb originalitat i intenció t'ajudarà a tenir més ganes de sorprendre't, però també és molt important que ho facis amb positivisme i esperant els millors resultats. D'aquesta manera la idea del canvi no et provocarà tant neguit i t'animaràs a incorporar-lo cada cop a més aspectes de la teva vida.

És possible que per la teva manera de ser prefereixis creure que tens el control del que passarà en cada moment, que et sentis còmode amb la rutina, però seria bo que analitzis per què et sents millor repetint patrons d'acció —i per extensió de conducta— en lloc d'improvisar. Si simplement els adoptes precisament perquè t'encanta saber a l'avançada com anirà tot no hi ha res per retreure't, però si notes que has desenvolupat aquestes rutines perquè et transmeten seguretat procura anar introduint petits canvis en detalls sense gaire importància. A mesura que et sentis còmode veuràs que la seguretat no depèn de la manera de fer certes coses i t'atreviràs a experimentar amb altres modificacions.

La teva millor versió

La majoria estem tan pendents del que opinen els altres que acabem oblidant com som i què és el que ens fa realment feliços. Volem encaixar perquè una de les primeres lliçons que vam rebre a l'escola va ser aprendre a posar els gomets sense sortir-nos de la línia que hi havia dibuixada, però fins que no ens permetem posar-los allà on ens vingui de gust —fins i tot al revers del full si és el que sentim que hem de fer— no aconseguirem estar plenament còmodes en la nostra pròpia pell.

Sigues la millor versió de tu, la persona autèntica que ets, i oblida't del que es considera estàndard perquè és absolutament subjectiu. Esborra la paraula «normal» de la teva ment i canvia-la per «particular», per «veritable». Trenca les normes que t'has autoimposat i que t'han acabat encotillant i torna a ser lliure per decidir com vols ser. En definitiva: sigues Tu.

Aquest és un dels processos més complicats a què t'hauràs d'enfrontar perquè en molts aspectes t'has desconnectat tant de la teva pròpia essència que possiblement dubtes entre el que ets, el que vols ser, el que t'han dit que ets i el que t'han dit que has de ser, però dona't temps i ja veuràs que vas trobant les respostes i que amb les respostes arriba la sensació d'haver tornat a casa i, el més important, d'estar en pau. Perquè quan et sentis completament bé amb tu mateix viuràs alts i baixos com tothom, però la teva seguretat et farà més immune a les crítiques i als judicis dels altres.

Sigues tu amb honestedat, escoltant el que et diu el cor, amb orgull però humilment, deixant-te aconsellar pels qui t'estimen i et coneixen, i ves recuperant la persona tan valuosa que en algun moment del camí va quedar amagada entre pors, dubtes, inseguretats, prejudicis, ferides o l'afany d'agradar. Encara que costi acceptar-ho, és impossible caure bé a tothom; per tant, sigues com realment ets i atrauràs relacions sinceres, no fruit del paper que hagis jugat en cada moment.

Reforça també la llibertat individual dels altres i deixa de jutjar o de creure que has de tolerar certes maneres de ser o d'actuar. És una qüestió de respecte. Tothom té el dret de viure com consideri que serà més feliç. Les decisions alienes no sempre et semblaran les més adients o encertades, però és la seva elecció viure d'acord amb el que senten, així que comporta't com t'agrada que es comportin amb tu. Com més ens respectem els uns als altres més enriquidors resultarem individualment i col·lectivament; per tant, sempre que puguis anima els qui t'envolten a ser i a expressar-se lliurement.

Quan et sents més còmode sol que acompanyat potser és perquè no et permets ser sincer amb la teva essència, però una cosa és adaptar-te a cada circumstància i l'altra és reprimir qui ets. Allibera't, despentina't i sigues tu mateix sense por.

«Quan donem alegrement i acceptem amb gratitud, tots som beneïts». — Maya Angelou

22
AGRAEIX

Set lletres, tan senzill com això. Set lletres són les que necessitem per agrair un gest, una paraula, una acció. I en canvi com ens costa dir, simplement, «gràcies».

Em nego a acceptar que ens hem convertit en una societat desagraïda, així que prefereixo creure que aquest no mostrar-nos més agraïts és perquè donem per fetes moltes coses. Al supermercat donem per fet que qui ens cobra està fent la seva feina i per això no solem donar-li les gràcies; oblidem agrair que hagin cuinat per a nosaltres perquè donem per fet que l'altra persona tenia temps o li venia de gust; estem tan absorts en el telèfon mòbil que ens passa per alt donar les gràcies al desconegut que amablement ens ha obert la porta perquè suposem que ha vist que estàvem ocupats; o potser no donem les gràcies quan un amic o familiar ens truca per saber com estem perquè donem per fet que com que ens coneix ja sap que li ho agraïm. Aquesta és una mínima representació dels cops que cada dia desaprofitem l'oportunitat de mostrar agraïment, però, ja que depèn de nosaltres fer-hi alguna cosa, si et sents una mica avergonyit pensant quantes situacions similars has protagonitzat darrerament utilitza aquest sentiment per començar a repartir gratitud.

Tot i que «Agraeix» és la paraula escollida per al darrer capítol del llibre, podria haver estat la primera perquè la considero essencial. Saber donar les gràcies demostra valorar el que som, el que tenim, el que vivim i a les persones que ens envolten, i és també una manera d'atraure nous motius d'agraïment.

Anem per parts. Cada cop que donem les gràcies a algú o en un sentit abstracte per alguna qüestió que ens ha alegrat el dia estem reconeixent que apreciem el que ha passat. No podem esperar que els altres hagin d'endevinar que valorem allò que fan per nosaltres simplement perquè estem tancats en el nostre món, no som gaire expressius o ho estem passant malament. Hem de tenir com a mínim el detall —anava a dir «fer l'esforç», però no ho és— de retornar la generositat amb generositat, així que per petit que sigui el gest que algú tingui amb nosaltres cal que busquem el moment per mirar l'altra persona als ulls i donar-li les gràcies. Tampoc ens hem de posar gaire intensos amb la mirada o el to si un desconegut ens deixa seure al metro, hem de saber mesurar com és el nostre agraïment d'acord amb el context concret, però al que em refereixo és a la importància de recuperar el costum de mostrar que apreciem que ens tinguin en consideració.

D'altra banda, donar les gràcies ens connecta amb un estat d'ànim positiu que ens fa prendre consciència de les raons per les quals som afortunats, i alhora aquest positivisme atrau més motius per sentir-nos agraïts. Perquè «gràcies» és una paraula tan magnètica que et sorprendrà comprovar que com més la utilitzis més sovint necessitaràs utilitzar-la. Amb la vida passa com amb les persones, que s'acaben cansant de fer coses per tu si no senten que les valores, així que tan bon punt la incorporis al teu vocabulari habitual estaràs projectant que realment aprecies cada alegria i cada bona notícia i te'n vindran de noves. Visualitza per tant aquest agraïment com una clau que obre les portes de l'abundància, de la prosperitat, del teu benestar i de la millor versió de tot allò que desitges a nivell personal, professional i pel que fa a les teves relacions.

Llibreta d'agraïments

Ja fa un temps va arribar a les meves mans —vull pensar que no va ser casualitat— un article que parlava d'una lliberta on escriure cada nit les raons per les quals et sents agraït. Aquell mateix dia, sense qüestionar-m'ho gaire, vaig buscar una llibreta i abans d'anar a dormir vaig seure a escriure els cinc primers motius pels quals considerava que havia de donar les gràcies. Han passat mesos, potser anys, i des d'aleshores no he deixat de fer-ho.

Comença la teva pròpia llibreta d'agraïments i dedica un temps a anotar-hi un mínim de cinc coses que t'hagin fet sentir bé al llarg del dia. Poden ser petits detalls o raons de pes, però totes et transmetran una sensació d'allò més positiva per ficar-te al llit. Algunes vegades potser et costarà una mica, potser et saltaran les llàgrimes en veure que se't fa difícil trobar aquest cinc motius, i tanmateix el fet de concentrar-te únicament a donar les gràcies et recordarà el millor d'una jornada que potser no ho ha estat tant. Altres vegades, en canvi, et faltarà velocitat per escriure, i aleshores ompliràs pàgines de la llibreta i perdràs el compte de tot el que t'ha fet sentir afortunat i agraït.

Sigui com sigui el teu dia, reserva uns minuts per donar les gràcies sinceres des del cor, amb les teves pròpies paraules. Dona gràcies per haver passat una bona estona amb una persona especial, per haver descobert una nova cançó, pel somriure que t'ha dedicat algú amb qui t'has creuat pel carrer, per haver aconseguit una feina, per un petó que t'ha fet estremir, per aquell missatge que t'ha fet somriure, perquè et sents més animat que ahir, perquè t'has permès un caprici que feia temps que no et permeties, perquè has tingut la força de voluntat de sortir a caminar, perquè has sabut reconduir una discussió, perquè ha plogut, perquè brillava el sol, perquè tens salut, perquè ha florit aquell cactus que revifa un cop l'any, o simplement perquè saps que demà tot anirà bé. Pots fins i tot repetir agraïments de dies anteriors si així ho sents. Com més pàgines de la llibreta omplis més conscient seràs de les moltes raons per les quals havies oblidat donar les gràcies, i alhora aquesta sensació de gratitud et generarà l'energia capaç d'atraure més agraïment a la teva vida.

Expressa la gratitud amb les teves pròpies paraules, veuràs que tot és posar-s'hi i que, com deia abans, massa sovint donem per fet allò que quan hi parem atenció ens recorda que tenim més motius dels que creiem per sentir-nos afortunats que no pas per queixar-nos. Encara que hagi estat un dia difícil, centrar-nos en la part positiva ens connectarà amb l'actitud perfecta per encarar l'endemà predisposats a trobar més raons amb les quals omplir la llibreta.

No infravaloris el poder d'una abraçada

Espero que aquest llibre t'acompanyi en els millors i en els pitjors moments, i que quan hi recorris esdevingui l'equivalent a una abraçada. Però de les de debò.

M'explico. Així com hi ha qui converteix els dos petons amb què solem saludar-nos en dos cops de pòmul de major o menor intensitat, també hi ha qui a l'hora de fer una abraçada es limita a encaixar el seu cos entre els teus braços sense cap mena d'intenció, limitant-se a romandre allà el mínim temps imprescindible per simular el gest i que excepcionalment, en cas d'eufòria, potser et dona un parell de copets a l'esquena. Doncs bé, aquestes no són les abraçades que m'imagino quan penso en el llibre sinó les que et continuen acompanyant durant una llarga estona quan el contacte ha finalitzat.

Perquè les abraçades, que sovint evitem perquè les considerem massa íntimes o una invasió de l'espai privat de l'altre, tenen l'enorme poder de fer-nos sentir millor quan són sinceres i generoses.

Una abraçada és una mostra d'afecte, de comprensió, de suport, d'amor, de desig, d'agraïment, una manera de compartir alegries, de consolar davant la tristesa, de celebrar un èxit, de transmetre força, calma i ànims, d'expressar emocions quan les paraules sobren. Però més enllà dels sentiments que hi dipositem, una abraçada és un gest amb excel·lents repercussions tant per a qui la rep com per a qui la fa.

Encara que el poder d'una abraçada depèn del context, de la motivació i dels protagonistes concrets de cada cas, implica importants beneficis que no hem de deixar passar per alt. Abraçar i ser abraçats fa disminuir l'estrès, millora l'autoestima, transmet sensació de seguretat i protecció, infon energia i fortalesa, millora les relacions, redueix el dolor físic, ajuda a vèncer les pors, reforça el sistema immunològic, estimula els sentits, alleuja l'ansietat i promou la tranquil·litat. I la majoria de les virtuts associades al fet de fondre'ns entre un parell de braços aliens són fruit de la segregació d'oxitocina, dopamina i serotonina, hormones que esdevenen terapèutiques gràcies als seus efectes sedants i a la seva capacitat per generar felicitat, amor i afecció.

Però no només això, quan ens abracen ens sentim protegits, segurs, confiats, més valents, i en funció de la persona o persones amb qui compartim aquest instant particular són moltes les sensacions que es desperten i que ens poden fer apropar més els uns als altres.

Hauríem d'abraçar-nos cada dia sense complexos ni pudor i estrènyer-nos amb força durant una bona estona, deixant-nos fluir sense pensar, amb la intenció de transmetre'ns aquest benestar tan necessari i reparador. No hi ha dues abraçades iguals perquè no hi ha dues persones iguals i ni tan sols les circumstàncies són idèntiques en cada abraçada, així que es tracta, al cap i a la fi, de tocar-nos i de compartir escalfor i afecte, sense que això requereixi donar gaires explicacions.

Tot i que allò que vivim sigui personal i intransferible per més que ho compartim amb els altres, abraçant-nos ens sentirem menys sols. La intensitat, l'emoció o la intenció dependran del moment precís en què es produeixi l'abraçada, però sigui com sigui sempre resultarà reconfortant si la fem de cor.

Ara que ja saps a què em refereixo quan dic que desitjo que el llibre sigui l'equivalent a una abraçada, no deixis d'obrir-lo quan en necessitis una.

Gràcies

M'emociona pensar que començo a escriure un dels últims paràgrafs del llibre perquè darrere de cada paraula hi ha una enorme sensació de gratitud. Són moltes les vivències que m'han portat a voler compartir el que espero que t'ajudi a sentir-te millor, i tot i que algunes no han estat precisament bones em quedo amb la sensació d'agraïment pel que he après i per com he crescut amb cada experiència.

Encara em costa, com m'imagino que a tu també et passa, entendre per què ens toca viure certes coses, o assumir que per poder donar el millor de nosaltres hem de convertir el nostre propi benestar en una prioritat, però sé que el creixement personal és un treball constant, així que el que tinc clar és que rendir-se ja no és ni serà una opció.

Res ens garanteix que no tornarem a caure, però com més eines tinguem més fàcil ens serà aixecar-nos, i per això és important mantenir el focus on volem anar en lloc de buscar un resultat que no sempre serà el que esperem. Perquè pot ser millor, de fet hem de projectar que ho sigui, i si fins ara ens hem culpat o responsabilitzat pels possibles errors comesos i lamentat per les desil·lusions, penes i disgustos i això només ens ha generat malestar, és el moment de recordar que depèn de nosaltres creure i confiar que no hi ha cap raó per la qual no pugui anar tot bé.

Fes-te un favor: respira, camina, valora't, somriu, parla, llegeix, plora, dorm, estima('t), relativitza, ocupa't, relaxa't, il·lusiona't, escriu, enrabia't, sua, perdona('t), visualitza, mima't, medita, despentina't, agraeix i repeteix-te cada dia que et mereixes ser feliç. Tens a les teves mans possibilitats infinites per fer que la teva vida sigui plena, per gaudir d'una felicitat que potser no t'has permès, de manera que ves a totes i oblida el que t'hagi pogut limitar fins ara. No és ni serà mai una lluita sinó la persecució d'uns somnis capaços de fer-se realitat sempre que recuperis la fe i la il·lusió. Estima't amb la intensitat d'un primer amor i no deixis que res ni ningú et faci dubtar del teu potencial. Ets molt més que els entrebancs que han acabat fent que et qüestionis a tu mateix, per tant demostra't que l'experiència t'ha dotat de la fortalesa i saviesa necessàries per continuar evolucionant i superant-te.

Tenint en compte que tot està interrelacionat i que cada cop que descuides un aspecte de la teva vida ets tu qui en paga les conseqüències, deixa de boicotejar-te i actua a consciència, sabent que estàs preparat per tirar endavant. No deixis que la por del canvi et paralitzi i, tot i que el millor és gaudir del present amb plenitud, espera el millor del futur.

Hi ha moltes raons per les quals em sento agraïda —penso especialment en les persones que em fan sentir enormement afortunada—, però no inclouré una llista de noms perquè hi ha coses que prefereixo fer-les en privat i en persona, i una d'elles és dir als que estimo els motius pels quals els vull donar les gràcies. A tu, en canvi, que no et conec ni sé si tindré l'ocasió de dir-t'ho personalment, et dono les gràcies per haver-me acompanyat en aquest viatge que no podria haver fet en millor companyia, per la confiança i per recordar-me que de la foscor en pot sortir la llum.

No et rendeixis. Mai.

«Si et serveix d'alguna cosa, mai és massa tard, massa complicat o massa aviat per ser qui vulguis ser. No hi ha límit en el temps, comença quan vulguis. Pots canviar o no canviar, no hi ha normes al respecte. De tot, en podem treure una lectura positiva o negativa. Espero que tu en treguis la positiva. Espero que vegis coses que et sorprenguin. Espero que sentis coses que no hagis sentit mai. Espero que coneguis persones amb un altre punt de vista. Espero que visquis una vida de la qual et sentis orgullosa. I si veus que no és així, espero que tinguis la fortalesa per tornar a començar». — De la pel·lícula *El curiós cas de Benjamin Button*, basada en el conte homònim de Francis Scott Fitzgerald